Conoc

setas

Primera edición: septiembre de 2011

© del texto: Jaume Sañé
© de esta edición: Lectio Ediciones

Fotografías del autor excepto págs. 5, 25, 41, 47, 54 inf, 83 sup, 88, 99,
119, 121 inf, 127 sup, 135, 138, 141 (Ferran Arumí); 12, 49, 131, 137
(Xesco Puigdomènech); 21, 66, 73 (Salvador Bosch)

Edita: Lectio Ediciones
C/ Violeta, 6 • 43800 Valls
Tel. 977 60 25 91
Fax 977 61 43 57
lectio@lectio.es
www.lectio.es

Diseño y composición: Imatge-9, SL

Impresión: Formes Gràfiques Valls, SA

ISBN: 978-84-15088-14-1

Depósito legal: T-1.184-2011

introducción

¿Qué es una seta?

Una seta puede ser la excusa para pasar la mañana en el bosque, un plato exquisito para degustar tranquilamente o, más fácil, algo que se recoge gratis y vale su peso en oro. Pero en la naturaleza las setas son mucho más que todo esto y tienen una función muy importante: son los basureros del bosque, los encargados de reintegrar al ciclo de la vida toda la materia muerta, sea hojarasca, troncos, o la cornamenta de un cadáver. En realidad, las setas son solo los cuerpos fructíferos de los hongos, unos seres vivos que pasan la mayor parte del tiempo bajo tierra, en la hojarasca o dentro de los troncos. Un hongo es el nombre técnico de lo que conocemos como setal, es decir, el organismo que produce las setas, a pesar de que a veces el término *setal* también se utiliza para denominar el lugar concreto donde crecen las setas. En cualquier caso, el universo de los hongos es inmenso, y no todos producen setas: los mohos y los herpes, por ejemplo, también son hongos.

Ni plantas ni animales

Los hongos son seres vivos clasificados como un grupo con personalidad propia, que no se incluye dentro de las plantas ni de los animales. Se alimentan de materia orgánica como los animales, pero su aspecto y el sistema de reproducción recuerdan a los de una planta, con la gran diferencia que las setas no tienen clorofila.

La clorofila es una sustancia propia de las plantas, un pigmento verde que les permite transformar los minerales en materia orgánica aprovechan-

Habría que mirar bajo tierra para entender que una seta es solo el cuerpo fructífero de un hongo formado por infinidad de filamentos o hifas que, en su conjunto, forman lo que los micólogos denominan micelio

Conocer las setas no es nada fácil. A menudo incluso los micólogos expertos necesitan libros y lupas binoculares para llegar a identificar una especie

do la energía solar. Los hongos no tienen clorofila, así que no son de color verde y no necesitan luz para vivir. Su sistema de nutrición es parecido al de un animal: se alimentan de productos ya elaborados, ya sean de origen animal o vegetal, vivos o muertos. Y por esta razón suelen vivir sobre troncos, hojarasca, estiércol, pelos, plumas, piel u otros substratos similares.

La clasificación científica de las setas

Existen setas de tamaños, formas y colores tan variados que podríamos clasificarlas de muchas maneras, en función de la característica que nos pareciera más interesante. Sin embargo, cuando se trata de clasificar, los científicos no se fijan en el aspecto externo, sino en aspectos biológicos. Atendiendo a su función, si la seta es el equivalente al fruto de un hongo, las esporas son lo más parecido a unas semillas microscópicas que las setas fabrican en cantidades industriales. Y la clasificación científica de las setas se basa en gran medida en la forma y la estructura de los llamados *esporangios*, que son los órganos productores de esporas. Los esporangios son diminutos y hay setas que los tienen en forma de bolsita estrecha y alargada como el dedo de un guante. Estos esporangios se denominan *ascos* y los hongos que producen setas de este tipo reciben el nombre de *ascomicetos*. Las setas de los hongos ascomicetos presentan formas variadas, pero su diseño básico es el de una jarrita sin asa que contiene en su interior la parte fértil productora de esporas. Las pecizas son setas de esta familia. Otro ejemplo de este tipo son las colmenillas, que están formadas por un conjunto de pecizas pequeñas enganchadas entre sí, que adoptan la curiosa forma de panal de miel, típica de esta seta. Las orejas de liebre, las trufas y los hongos bonetes también son ascomicetos.

Otro grupo de setas tiene esporangios en forma de porra, en cuya cima se forman las esporas. Estos esporangios se denominan *basidios* y la ciencia clasifica los hongos que elaboran este tipo de setas como *basidio-*

micetos, un grupo numeroso al que pertenecen las setas convencionales, como los níscalos o las oronjas.

Los basidiomicetos son los hongos más evolucionados. Dentro de este grupo encontramos hongos que producen setas de forma clásica, con un pie astilloso y consistente que soporta un sombrero más o menos redondeado. La parte fértil de la seta, productora de esporas, está siempre en la parte inferior del sombrero, de forma que la propia construcción protege los esporangios de las inclemencias del tiempo. Esta zona fértil, denominada himenio, presenta varias adaptaciones para aumentar la superficie productora de esporas sin aumentar el tamaño de la seta. La estrategia más corriente es la presencia de láminas paralelas en forma de libro. Si pudiéramos desmontar un níscalo y extender todas las láminas una junto a otra, nos daríamos cuenta de la utilidad de este sistema. Otras estrategias para aumentar la superficie fértil de la seta consisten en construir agujas o tubos en vez de láminas, como en la lengua de vaca y los hongos calabaza, o ramificarse hasta alejarse del diseño convencional, como hacen, por ejemplo, los pies de rata.

Finalmente, hay un grupo de setas que conservan las esporas en el interior y no las sueltan hasta que llegan a su punto de maduración, cuando la seta ya vieja se abre y libera toda la masa de esporas. Son los gasteromicetos, un grupo que incluye los pedos de lobo y las estrellas de tierra.

Los nombres de las setas

El saber popular no trabaja gratis, y solo las setas comestibles, y también algunas de las venenosas, tienen nombres populares. Las que son muy conocidas, como por ejemplo los rebozuelos o los níscalos, incluso tienen nombres diferentes en función de cada región, lo que puede llegar a provocar confusiones. Pero cuando se trata de especies más desconocidas la situación es más complicada y llega a darse el caso contrario, es decir un mismo nombre, como por ejemplo pie de rata, incluye varias especies diferentes de hongos. Además, en este caso concreto, el mismo nombre popular engloba especies tóxicas y otras comestibles.

Aparte de los nombres populares, la ciencia clasifica los hongos (y todas los seres vivos) otorgándoles dos nombres de origen latín que actúan como si fueran el nombre y el apellido. El primero puede ser compartido por varias especies y nos informa del género al cual pertenece. El segundo es el nombre específico de cada uno. Así, por ejemplo, la falsa oronja recibe el nombre científico de *Amanita muscaria*, y la oronja, que pertenece a la misma familia, *Amanita caesarea*. Ambas setas son del grupo de las amanitas, pero cada una tiene su nombre propio. Este sistema tiene la ventaja de ser muy útil a nivel internacional, ya que la nomenclatura científica es universal.

Para un principiante, el inconveniente principal de la nomenclatura científica es la dificultad para memorizar los géneros y especies. Por otra parte la descripción de las especies y la posterior clasificación es un trabajo muy pesado y complicado incluso para los micólogos más expertos. Como resultado de todo esto, los nombres científicos pueden cambiar también con el tiempo y según los autores, de forma que una misma seta puede tener nombres científicos diferentes según qué libros consultamos.

El nombre de colmenilla incluye varias especies de setas. Y el mismo nombre tiene muchos sinónimos en función de la región, como por ejemplo cagarrías, morillas o piñuelas

Conocer las setas

De todos modos, los conocimientos de taxonomía no siempre son suficientes para identificar una seta a primera vista en pleno bosque, y a menudo los propios micólogos tienen que llevarse la seta al laboratorio para identificarla correctamente. Sin embargo, a la mayor parte de los buscadores de setas les interesan más los valores culinarios de unas pocas especies que el nombre científico de todas las setas. Así, cuando vayamos a recoger setas con destino a la cocina, tendremos que tener en cuenta los aspectos más prácticos, conscientes de que nos podemos dar por satisfechos si identificamos las principales especies comestibles y las setas más venenosas. A partir de aquí, se trata de aprender más y más, siempre teniendo en cuenta que ni los micólogos más expertos son capaces de identificar a primera vista todas las setas que se encuentran en el bosque.

En la antigüedad, los griegos establecieron un método muy sencillo para clasificar las setas, las dividieron en dos grandes grupos: las comestibles y las que no lo son. Pero este sistema implicaba conocerlas una por una, puesto que no hay ningún carácter externo común que nos permita adivinar si una seta es tóxica o no, y si tiene algún valor culinario. Hay muchas setas que no son tóxicas, pero nadie las recoge porque no saben a nada o tienen una carne dura o reseca que no es agradable para comer. Y, por otro lado, a partir de los testigos de los propios intoxicados, se sabe que hay setas muy tóxicas, como la oronja verde, que bien cocinadas no tienen mal sabor.

La facilidad para confundirlas llega a ser tan grande que setas de aspecto muy parecido, pertenecientes al mismo "género" desde el punto de vista científico, pueden tener propiedades absolutamente opuestas. Así, por ejemplo, la oronja es una de las setas más finas y sabrosas del país. Un pariente cercano, la falsa oronja, es una seta tóxica y alucinógena. La oronja verde, otra especie del mismo género, en cambio, es una de las setas más mortales. El saber popular, todo esto, lo tiene muy presente. Y por esta razón muchos buscadores de setas comen solo las que han visto comer, de manera que el conocimiento se transmite de generación en generación.

Consejos a los aprendices

Seguramente, en época prehistórica, cuando los alimentos no siempre eran fáciles de obtener, los primeros humanos ya debían de comer setas imitando a los animales del bosque. Y a base de probar, de sufrir indigestiones e incluso de perder la vida, nuestros antepasados debieron aprender qué setas eran malas y cuáles eran las buenas. Sabemos, por ejemplo, que en tiempos de los romanos la costumbre de comer setas ya estaba muy extendida y que, en aquella época, la célebre oronja que todavía ahora cosechamos estaba considerada una de las comidas más exquisitas. Tradicionalmente, los hijos aprendían de sus padres a reconocer las setas y por esto a menudo hay familias enteras que solo cosechan unas cuantas setas concretas, que son las que han visto recoger siempre, y dejan otras setas comestibles sencillamente porque "estas en casa no las recogemos".

Por otra parte, está claro que en el caso de las setas no se trata solo de una cuestión alimenticia; parte del placer consiste en salir al bosque a buscarlas y, sobre todo, recogerlas. Cualquiera que lo desee, incluso empezando de cero, puede aprender a conocerlas poniendo un mínimo interés, sobre todo si tiene la suerte de poder disfrutar de la experiencia de un experto. Si no hay maestro buscador de setas al alcance, habrá que preguntar mucho, y fijarse en todos los detalles. Con las setas podemos usar la vista, la nariz, el gusto y el tacto.

Los aprendices deben recoger solo las setas que conocen muy bien y confiar siempre en el consejo de un buscador de setas experto

La **vista** es tan importante que algunas veces es posible identificar una seta a primera vista, si es una especie fácil. Pero hay que tener presente que tanto el color como la forma pueden variar mucho, en función de la edad de la seta y también de la meteorología. La lluvia, por ejemplo, las puede hinchar o decolorar.

Si encontramos una seta "convencional", habrá que observar bien todas sus partes. El pie, por ejemplo, puede ser largo y delgado como el de una senderuela o achaparrado como el de un hongo negro, puede ser hueco como el de las colmenillas o bien macizo como el de los higróforos escarlata y puede estar unido al sombrero hasta no poder distinguir muy bien dónde empieza, como en la trompeta de los muertos, o ser una parte muy diferenciada, que incluso se desprende fácilmente del sombrero, como los parasoles.

Por otro lado, el pie de las setas nos puede servir para identificar las setas conocidas como *amanitas*. Las setas de este grupo tienen una vaina blanquecina y achaparrada que les rodea la base del pie, y un anillo muy visible en la parte media o superior del pie. La vaina de la base del pie es el resto de una tela que envolvía totalmente la seta en su estadio inicial, y el anillo también es el resto de otra tela que en un principio protegía el libro y llegaba hasta el borde del sombrero. Entre las amanitas se encuentra la deliciosa oronja, pero también algunas de las setas más tóxicas, como la oronja verde. No todas las setas con vaina y anilla son venenosas, pero ante cualquier duda, rechazad todas las setas con estas características.

El sombrero también es muy variable. Hay setas que parecen recubiertas por una piel de tejido más espeso y fuerte, que se desprende fácilmente, como la oronja o los higróforos escarlata. Otros, como la falsa oronja, están salpicados de manchas blancas, restos de la misma tela protectora responsable de la vaina del pie. Y bajo el sombrero, también encontramos información. Si la seta tiene láminas, como la mayoría, podemos mirar el color, el tamaño y la forma. Pero hay setas que en vez de libro tienen pinchos, como la lengua de vaca, o un tejido esponjoso, como los pies rojos, o simplemente tienen la piel arrugada y plegada como un rebozuelo. Rompiendo las láminas o un trocito del sombrero nos daremos cuenta de otro detalle importante: el color del líquido que emana, al que vulgarmente denominamos *leche*.

El **olfato** también es una herramienta muy importante, hasta el punto de que hay quien reconoce las setas sin verlas, solo por su olor. Algunas setas emiten un olor muy personal, como el clatro rojo, que huele a podrido, o las trufas, con un aroma personal tan fuerte que casi molesta. Otras huelen a las cosas más inverosímiles: a lata, a arenque, a harina…

El **tacto** también nos puede aportar información, aunque no seamos muy expertos en el tema. Hay setas de carne dura como la madera, otras la tienen coriácea como un chicle, o quebradiza como un terrón de azúcar. Y, solo tocándolas, también encontraremos setas secas como el esparto y otras muy viscosas como los higróforos blancos.

El **gusto**, finalmente, también es muy útil. Los micólogos cogen a veces un pellizco, se lo ponen en la boca y lo escupen a continuación, pero no es una práctica recomendable para un inexperto.

Setas comestibles…

En España existen varios miles de especies de hongos que producen setas. La mayor parte de estas setas no tiene ninguna sustancia tóxica, es

La afición a comer setas está extendida por todo el mundo, pero su distribución no es nada regular. En la imagen, setas en venta en un mercado de Kyoto, en Japón

Rebozuelos, níscalos y hongos calabaza en venta en un mercado tradicional

decir, son inofensivas, pero no se consumen por su mal sabor o porque sus cualidades son desconocidas. Solo un centenar de setas son conocidas popularmente. Y, de este centenar, solo la mitad es consumida en algún lugar de forma habitual. El resto de setas no tiene ninguna utilidad para el hombre aparte del mero interés científico.

El contenido de una seta es, principalmente, agua. Si exceptuamos algunas especies leñosas como las que se aferran a los troncos de los árboles, la mayoría de setas se componen por un 90% o un 95% de agua y por una mínima parte de proteínas, azúcares, grasas y sales minerales. Además, esta pequeña parte alimenticia no siempre comporta una digestión fácil, puesto que las setas contienen una sustancia llamada quitina, que cuesta un poco de digerir.

Con respecto a su valor nutritivo, un kilo de setas contiene, aproximadamente, 400 o 500 calorías, más o menos las mismas que encontraríamos en 50 gramos de frutos secos. En otras palabras, comer setas, desde el punto de vista calórico, es equivalente a comer lechuga, tomates u otras verduras del huerto: prácticamente no contienen grasas.

Las setas son apreciadas desde el punto de vista gastronómico sobre todo por su sabor y su textura. Pero, a veces, ejemplares de una misma especie pueden tener sabores diferentes en función, por ejemplo, de su edad. Su sabor también puede variar en función de su procedencia. Los níscalos de tierras bajas, por ejemplo, suelen ser más sabrosos que los que crecen en zonas de montaña porque no disponen de tanta agua y esto hace que tengan un sabor más intenso, mientras que los que obtienen agua en abundancia, tienen un gusto más suave, más diluido.

Pero, además de estos detalles, cada especie tiene un sabor particular que la diferencia de las demás. El valor culinario de las setas es siempre algo muy subjetivo, y, por lo tanto, es imposible clasificarlas según su sabor, y todavía menos cuantificarlo. Pero hay algunas setas que se consideran deliciosas sin discusión. La oronja, el hongo calabaza, el rebozuelo, la seta de San Jorge, el robellón, el níscalo, el higróforo, la colmenilla, las senderuelas, la negrilla, el higróforo escarlata, la trufa y la trompeta de los muertos son las que tienen este honor.

... y setas venenosas

Solo una parte muy pequeña de las setas ibéricas son tóxicas y, de estas, apenas una docena pueden provocar la muerte. Pero esto debe ser suficiente para entender que es tan importante conocer las setas comestibles como las venenosas y, ante cualquier duda, siempre es mejor no arriesgarse.

Las intoxicaciones producidas por ingestión de setas tienen en común que afectan el hígado y los riñones y, a veces, también el sistema nervioso. El malestar no se cura con ningún tipo de antibióticos, puesto que no hay ninguna bacteria ni virus a combatir, sino que se trata de sustancias que nos alteran el funcionamiento normal de algunos órganos y, en consecuencia, también de todo el cuerpo. Un envenenamiento por ingestión de setas debe considerarse una urgencia clínica grave que requiere atención cuanto antes mejor.

Los envenenamientos provocados por las setas tienen efectos diferentes en función de las sustancias tóxicas que llevan, que son particulares de cada seta. Hay autores que clasifican las intoxicaciones en dos grandes grupos, en función del tiempo que tardan a aparecer los primeros síntomas de la intoxicación.

La oronja verde (Amanita phalloides), la seta tóxica y mortal por excelencia y, por lo tanto, la que hay que conocer mejor de todas

Los **síntomas de aparición lenta** se manifiestan cuando el veneno ya ha sido absorbido por el cuerpo y empieza a atacar el hígado y los riñones. En estos casos, los primeros síntomas no suelen aparecer hasta después de algunas horas, o incluso días, de la ingestión de las setas, y son los envenenamientos más peligrosos. En este grupo se encuentran las intoxicaciones producidas por la oronja verde y los cortinarios.

Los **síntomas de aparición rápida** son producidos por toxinas que irritan el estómago y los intestinos, provocando vómitos, diarreas y malestar general poco después de la ingestión. A pesar de la rapidez y la violencia de la reacción, estas intoxicaciones no suelen ser tan graves. Un buen lavado de estómago y un tratamiento adecuado suelen solucionar el problema. En este grupo podemos encontrar especies muy diferentes.

Hay que tener presente que incluso setas comestibles pueden provocar pequeñas gastroenteritis en según qué condiciones. Por otra parte, la cantidad ingerida también condiciona la virulencia de la intoxicación. La oronja verde, la cicuta blanca, la oronja fétida, el cortinario de montaña y la seta engañosa son las especies más peligrosas.

Intoxicaciones: ¿qué hay que hacer?

A pesar de las campañas de prevención, libros y exposiciones, todos los años hay intoxicaciones por ingestión de setas. La mayor parte no pasan de un dolor de barriga, pero algunos afectados sufren agresiones importantes en el hígado y en los riñones, y hay quien llega a morir. Si en alguna ocasión nos encontramos ante una intoxicación por setas o la sufrimos nosotros mismos, debemos tener presente que no hay ningún remedio casero para curarla. Lo único que podemos hacer, en todo caso, es intentar provocar el vómito para expulsar lo que pueda quedar en el estómago, y dirigirnos enseguida al hospital más cercano.

Es importante conservar los restos de comida que han quedado, si existen, y buscar partes de las setas para poder enseñarlas a los médicos como muestra. Identificar el tipo de seta causante de la intoxicación es positivo de cara a poder aplicar el tratamiento más adecuado. Cuando una intoxicación es muy grave, hay que recurrir a tratamientos que en algunos casos implican un trasplante de órganos, normalmente de hígado. Y, a veces, si la intoxicación se detecta demasiado tarde, ni siquiera esta medida resulta suficiente.

Falsas creencias populares

1. No es verdad que las setas que comen los animales del bosque son comestibles también por las personas, puesto que nuestro sistema digestivo es diferente al suyo. Las babosas, por ejemplo, devoran la oronja verde sin ningún problema, mientras que para nosotros esta es la más tóxica de todas las setas.

2. No es verdad que las setas toman el veneno de plantas tóxicas, ni tampoco de animales. Las sustancias tóxicas que tienen algunas setas han sido elaboradas por su sistema biológico.

3. No es verdad tampoco que las setas sean buenas o malas en función del lugar donde las encontramos. La causa que origina que una seta sea tóxica no tiene nada que ver con que viva sobre madera, bajo la hojarasca o en medio de un prado.

4. No es verdad que las setas que crecen en lugares sucios, junto a basura, porquería o hierros enmohecidos sean las malas. Podemos encontrar setas muy tóxicas que crecen en medio de prados verdes y encantadores, y, al contrario, hay setas excelentes que crecen en cualquier lugar.

5. No es verdad que el color y la forma de las setas tenga algo que ver con su gusto, y todavía menos con su toxicidad. Las colmenillas, por ejemplo, tienen una apariencia muy extraña y, bien cocidas, son un plato exquisito, mientras que la forma clásica de la falsa oronja nos puede seducir y hacernos pasar un mal rato.

6. No es verdad ni tiene ningún fundamento que las setas que cambian de color cuando se cortan con el cuchillo son malas, y las que no cambian son buenas.

7. No es verdad que las setas que ennegrecen un ajo o una cuchara de plata puestas dentro del agua de la cocción son malas, y al revés, que las setas que no ennegrecen ni enseres de plata, ni ajos, ni pedazos de cebolla ni yemas de huevo vayan a ser comestibles. Ambas cosas no tienen ninguna relación, a pesar de que sería interesante saber el origen de estas creencias, tan extendidas todavía hoy en día, y que desgraciadamente son responsables de muchos sustos y alguna muerte.

8. No es verdad que todas las setas son comestibles una vez están muy cocidas. Su veneno tampoco desaparece aunque sumerjamos las setas en sal y vinagre o las hagamos hervir con alguna sustancia especial.

La falsa oronja (Amanita muscaria) es una seta alucinógena, posible origen de la expresión catalana "estar tocat del bolet" (estar chiflado)

La tradición de las setas ha sedimentado falsas creencias en las que no podemos confiar

La estación de las setas

Los setales "fructifican" y producen setas cuando encuentran condiciones adecuadas en cuanto a la temperatura y la humedad ambiental. Normalmente, las condiciones óptimas se concentran en primavera y sobre todo en otoño, y por esto se dice que esta es la estación de las setas. Pero la combinación de lluvias y temperatura adecuada puede provocar la aparición de setas en cualquier época del año y, al contrario, si la meteorología es adversa, como puede ser un tiempo seco o ventoso, las setas no aparecerán ni siquiera en otoño. Además, cada especie tiene unas tendencias determinadas. Las oronjas, por ejemplo, aparecen al principio de la estación y, en cambio, las negrillas llegan a finales de otoño. Algunas especies, por otro lado, como las colmenillas, solo aparecen en primavera.

Las setas y el bosque

Si nos situamos en pleno otoño, con el tiempo adecuado y con las herramientas a punto, solo queda saber dónde están las setas para ir a recogerlas. Esta es la madre del cordero y, la verdad es que las setas crecen allá donde los setales encuentran alimento fácil y humedad abundante. Aun así, cada especie tiene sus necesidades especiales: las senderuelas, por ejemplo, suelen crecer entre la hierba de los prados. Las colmenillas, muchas veces, aprovechan terrenos que han sido quemados recientemente. Y muchas especies crecen en el sotobosque, donde hay gran cantidad de basura orgánica, que representa su principal fuente de alimentación.

A pesar de que hay setas totalmente independientes que pueden crecer en cualquier lugar, la relación entre los setales y los árboles suele ser muy fuerte, hasta el punto de que algunas especies dependen de la presencia de una o más especies de árboles. En estos casos, los filamentos subterráneos del hongo crecen alrededor de las raíces del árbol hasta conectar directamente con ellas. De este modo, bajo tierra, árboles y hongos intercambian materiales. Para el árbol, los filamentos del hongo representan una prolongación efectiva de las raíces. El hongo, a cambio, también se aprovecha del árbol tomándole alimento directamente. Estos tipos de simbiosis son frecuentes en muchas especies de hongos. Y cada especie se relaciona con un tipo diferente de árbol o planta. Así, los níscalos y los robellones, por ejemplo, solo se desarrollan cerca de los pinos y los abetos, mientras que las trufas crecen cerca de encinas, robles y avellanos.

La relación entre las setas y el bosque es tan intensa que muchos hongos dependen directamente de unas especies concretas de árboles

El papel del buscador de setas

La habilidad de los buscadores de setas consiste en conocer los árboles y las setas, y adivinar qué lugares reúnen las condiciones para albergar setales y cuáles son menos óptimos. Así que los expertos no buscan las setas por todas partes de manera aleatoria, sino que saben muy bien dónde van. Y, al mismo tiempo, tienen presente que un setal puede vivir muchos años si nadie lo echa a perder, así que es importante tratarlo bien. No todos los días se localiza un nuevo setal y los buenos buscadores de setas lo saben muy bien.

Diez consejos básicos

El mejor buscador de setas es el que llena el cesto sin dejar rastro de su paso por el bosque. Así que, si queremos disfrutar correctamente de un patrimonio natural que es de todos, es importante tener presentes algunos consejos básicos:

1. Respetar la naturaleza, los bosques y los cultivos. Cualquier buscador de setas debe saber que con su actividad se aprovecha de un patrimonio que es de todos. Y tener claro que el respeto hacia el entorno es indispensable para la conservación de la naturaleza. Algunas normas básicas consisten en no fumar en el bosque, no encender fuego, no abandonar desechos, no salir de las pistas con coches y motos y respetar las plantas y los animales.

2. No gritar ni hacer ruido. Disfrutar de la naturaleza también significa saber apreciar los sonidos del bosque, el canto de los pájaros y el silbido del viento. Yendo al bosque con música muy alta o gritando, asustamos a los animales y rompemos buena parte de su encanto.

Existen setas tóxicas, pero algunos buscadores también pueden ser muy peligrosos para las setas. El buen buscador deja el bosque sin dejar rastro de su paso

3. No remover el sotobosque. Para poder recoger setas hay que mantener en buen estado los setales. Y esto significa no arañar el sotobosque con rastrillos, horcas y azadas. Estas herramientas son muy útiles en el huerto, pero en el bosque su acción es muy perjudicial. Los setales están hechos de filamentos muy delgados y quebradizos que se echan a perder cuando se remueve con fuerza el sotobosque.

4. Recoger las setas con cuchillo. Cuando recogemos setas, es básico no destruir el setal que las produce. Hasta hace poco, los expertos recomendaban cortar las setas con un cuchillo en vez de arrancarlas enteras. Ahora se sabe que un corte limpio en el tronco de la seta es una herida abierta que puede ser perjudicial para el hongo, de forma que se recomienda arrancarlos cuidadosamente cortando si es necesario con el cuchillo justo por debajo de la base de la seta.

5. No estropear las setas que se consideren malas. En la naturaleza todas las setas sirven para algo, incluso aquellas que no nos comemos. Destruir las setas "malas" es un error doble. Por un lado, perjudicamos el bosque y su biodiversidad sin obtener nada a cambio. Y, por otro, también puede ser que perjudiquemos a otros buscadores más expertos que pueden aprovechar setas desconocidas para nosotros.

6. No abusar de los viejos ni de los jóvenes. Coger una seta vieja y carcomida no sirve para nada, y dejarla, en cambio, es asegurarse de que una gran cantidad de esporas se esparcirán por el bosque. Tampoco es recomendable recogerlas cuando tienen el tamaño de un botón, más vale dejar que crezcan y volver otro día a por ellas.

7. No recoger setas desconocidas. Antes de recoger cualquier seta, conviene estar muy seguros de que nos servirá para algo. Además, recogiendo solo las setas bien conocidas nos podemos ahorrar más de un dolor de tripa e incluso una intoxicación mortal.

8. Llevarse las setas con el cesto. Este es el mejor sistema de transporte tanto para nosotros como para las setas. Con el cesto de mimbre, las setas están aireadas, no se aplastan y todavía pueden esparcir esporas durante el trayecto. Con una bolsa de plástico, el calor las puede echar a perder y llegarán a la cocina en peores condiciones.

9. Mantener los setales en secreto. Los buenos buscadores no suelen explicar dónde están los setales que conocen. Esto es bueno para el setal, que no recibe la presión de tantos visitantes, y también para el buscador, que de este modo lo tiene más fácil para llenar el cesto.

10. No dejar rastro de nuestro paso. Hay setas tóxicas, pero también buscadores de setas muy peligrosos para ellas. Un buen buscador no dice adónde va, recoge sin hacer ajetreo las setas que le interesan y deja el bosque exactamente tal y como lo ha encontrado. De este modo, respetamos el bosque y las setas y, además, no damos pistas a otros buscadores de setas, que podrían echar a perder en pocos días un setal conservado durante años.

Las setas en la cocina: la conservación de las setas

Las setas plantean un problema de conservación, puesto que se descomponen muy rápidamente. Los primeros buscadores de setas ya debieron tener este problema, con el añadido de que las casas no tenían corriente eléctrica y, por lo tanto, no se podían guardar las setas en neveras y congeladores. Esto generó una serie de métodos caseros para conservar las setas en buen estado durante mucho tiempo, sin que perdieran sus virtudes.

Como norma general, conviene cocinar o poner en conserva las setas lo antes posible después de recogerlas. Para ello habrá que elegir las que estén en mejores condiciones y limpiarlas bien, a poder ser con un trapo húmedo y sin ponerlas directamente bajo el agua del grifo. Después hay que cortar a trozos las que sean muy grandes, y conservarlas utilizando la técnica que nos parezca más adecuada. Algunos maniáticos, como el autor, tienen la costumbre de tirar los restos en el bosque. Así queda abierta la posibilidad de que alguna espora de las setas que hemos recogido acabe cumpliendo su función.

La conservación con sal

Es una de las más tradicionales y se caracteriza por ser sencilla y práctica, a pesar de que tiene ciertos inconvenientes. Para salar las setas solo hay que limpiarlas y colocarlas dentro de un bote de vidrio alternando capas de setas y capas de sal de cocina, todo muy apretado. Al día siguiente de haber hecho la conserva, veremos que las setas se han movido y que el nivel del bote ha ba-

Butifarra a la brasa con revuelto de setas.
La cocina de la seta permite todo tipo de combinaciones

jado. Entonces rellenaremos el bote si nos han quedado setas, lo cubriremos todo con sal y taparemos el recipiente con un trapo o un papel bien atado. También se puede añadir un chorro de aceite justo antes de tapar el bote.

Un día antes de la cocción habrá que desalarlas, limpiándolas bajo el grifo y dejándolas sumergidas en agua durante toda la noche con una cebolla sin piel. A la mañana siguiente cambiaremos el agua, y, al mediodía, ya estarán a punto para cocinar. Es muy importante hacer bien todo el proceso.

La conservación con aceite

Consiste en salar bien las setas y calentarlas en un cazo hasta que pierdan toda el agua. Entonces se añade agua con vinagre hasta que arrancan a hervir, se escurren y se dejan enfriar. Hecho esto, se ponen dentro de un bote y se añade el aceite de oliva que sea necesario hasta que queden bien cubiertas. Este sistema se utiliza para conservar los hongos calabaza y los hongos negros, y tiene la ventaja de que el mismo aceite de la conserva también se puede aprovechar porque coge el gusto de las setas.

La conservación al baño maría

Consiste en hacer hervir al baño maría los botes llenos de setas cerrados herméticamente. Este sistema tiene variantes con respecto a la preparación de las setas antes de meterlas en el bote. La más sencilla consiste simplemente en escaldarlas, sin añadir ningún tipo de condimento, y ponerlas en un bote con la misma agua de la cocción. Una vez tapados, los botes tienen que hervir al baño maría durante un buen rato, como mínimo una media hora.

El secado

Consiste en limpiar bien las setas y dejarlas en un lugar seco y aireado para que se vayan deshidratando poco a poco. Con este proceso pierden su tamaño, su forma y su color, pero mantienen el aroma y el sabor casi intactos Para evitar que se pongan mohosas, conviene esparcirlas bien o enhebrarlas en un hilo y colgarlas de un lugar elevado, a poder ser, en una habitación seca y ventilada como las buhardillas de una casa.

No todas las setas se conservan bien con este sistema. Las senderuelas, los hongos calabaza, las colmenillas y las trompetas de los muertos son las que mejor lo aceptan. Las setas más grandes son más complicadas y necesitan más tiempo de secado. Si la operación se prevé complicada, no es descabellado instalar un ventilador en marcha durante unas horas para acelerar el proceso. Una vez estén bien secas, podemos guardarlas en cucuruchos de papel de estraza o en recipientes de cristal. Cuando las queramos usar, las pondremos en remojo y ellas mismas absorberán agua y retomarán parte de su aspecto original.

La conservación en vinagre rebajado o en coñac

Se empieza separando las setas pequeñas y enteras, normalmente níscalos, y metiéndolas dentro de un bote de cristal con coñac de garrafa o vinagre rebajado con agua. Al final, se puede añadir un poco de aceite. Con este método, el propio alcohol es el que cuece las setas, que se pueden comer crudas directamente, como entrante frío. Las trufas también se conservan con este sistema, dentro de un bote con coñac. Se mete solo una, abierta por la mitad o partida en varios trozos para que el coñac coja sabor. Un chorro de coñac de trufa es la clave del éxito de muchos guisados de carne.

La congelación

Para llevarla a cabo, hay que escaldar las setas un par de minutos y después meterlas directamente en el congelador, envueltas con papel film. Es buena idea separar raciones pequeñas para poderlas administrar según nuestras necesidades. A pesar de la poca aceptación que tiene este sistema dentro de la tradición de las setas, es uno de los mejores.

Para saber más: la micología

Antes, las setas eran consideradas simplemente plantas especiales, y los tratados de botánica incluían también los hongos. No fue hasta la llegada de los microscopios ópticos, y después los electrónicos, que se pudo profundizar en la investigación de los hongos y se pudo combrobar que los hongos tienen poco que ver con las plantas superiores. Por esta razón, la ciencia que estudia los hongos, conocida con el nombre de micología (nombre que proviene del griego mikes, que significa 'seta'), es relativamente nueva.

Las setas comestibles más apreciadas son especies conocidas y de fácil identificación pero, en cambio, el mundo de las setas visto desde el punto de vista de un micólogo es un universo compuesto por una gran cantidad de especies, muchas de ellas todavía por descubrir. De hecho, cada año aparecen especies nuevas para la ciencia y quien quiera saber más está ante un auténtico mundo por descubrir. Cualquiera puede ser autodidacta, pero en un tema tan complicado es muy importante poder disfrutar del consejo de un experto. Por lo tanto, recomendamos ponerse en contacto con la asociación micológica más cercana, y ¡adelante!

las setas

Peciza parda
Peziza spp.

Identificación

1   Las pecizas son setas pequeñas, que nacen a ras del suelo o sobre troncos en descomposición. Algunas especies son comestibles y se pueden comer crudas en ensaladas, a pesar de que son poco apreciadas. Las hay de colores muy diferentes, pero todas tienen la forma típica de cazuelita. La peciza parda nace con una forma regular, pero a medida que crece se agrieta y se deforma y a veces se aleja bastante de su diseño original. Su color marrón es variable, a veces triste y apagado y a veces más vivo, sin ningún olor particular.

Curiosidades

2   Si cogemos una peciza y la calentamos con las manos, el aumento repentino de temperatura hará estallar las diminutas bolsas que contienen las esporas (bolsas que los científicos denominan *ascos*, puesto que estas setas pertenecen al grupo de los *ascomicetos*). Así, veremos una nube blanquecina que sale de la peciza, que no es nada más que las mismas esporas, diminutas como el polvo, que son llevadas por los aires. Poniendo la oreja junto a la peciza en el momento oportuno, por su parte interior, incluso es posible oír los pequeños chasquidos que producen los ascos al explotar.

Valores culinarios

3   A pesar de no ser apreciadas en la cocina, todas las pecizas son setas populares y normalmente bien tratadas por su forma atractiva.

Peciza estrellada
Sarcosphaera coronaria

Identificación

1 La peciza estrellada es con diferencia la más grande de su familia, puesto que puede llegar a ser casi como un puño. Nace como una bola blanquecina enterrada, sin pie, que después se abre en forma de estrella, mostrando los bordes dentados en dirección al cielo al estilo de una corona. Una vez está muy abierta, la cara externa sigue siendo blanquecina pero la cara interna es entre lila y violeta oscuro, muy vistosa, y todo ello la convierte en una peciza muy particular y de fácil identificación.

Curiosidades

2 Nace en primavera, en pinares, en terrenos calcáreos o arenosos, a menudo en medio de los caminos y en grupos numerosos, donde por su tamaño no pasa nada desapercibida.

Valores culinarios

3 Las paredes de esta peciza son más gruesas que en las demás especies y, por lo tanto, su carne, quebradiza, de consistencia que recuerda la cera, es más abundante. Cruda es muy tóxica y, por lo tanto, conviene rechazarla. Hay quien dice que muy cocida y tirando el líquido de la cocción es comestible, pero de todos modos su consumo no es nada recomendable, sobre todo si tenemos en cuenta que su carne casi no tiene sabor.

Peciza anaranjada
Aleuria aurantia

Identificación

1
Forma típica de cazuelita, presenta un pie achaparrado, a veces inexistente, que soporta un tiesto muy redondeado al principio, pero que con el tiempo se abre y se dobla por los bordes, perdiendo su forma original. La seta está compuesta de un material delgado y quebradizo. Dentro de la copa, donde se encuentra la parte fértil productora de esporas, su color es naranja muy vivo. Por fuera, la pared sigue siendo anaranjada pero con un tono mucho más claro.

Curiosidades

2
A pesar de ser una seta pequeña y poco apreciada, es conocida por los buscadores de setas. Las pecizas anaranjadas aparecen en otoño, cerca de caminos y en claros de los bosques, a menudo en zonas arenosas o incluso pedregosas, también en terreno arcilloso. Suelen salir en grupo, y son fáciles de encontrar por su color llamativo.

Valores culinarios

3
Las pecizas anaranjadas son comestibles, especialmente crudas y mezcladas con la ensalada o bien como postres maceradas previamente con licor. Pero la verdad es que son muy poco sabrosas y muy poca gente las aprovecha. Más que su sabor, posiblemente su color vistoso y el toque de color que dan a las ensaladas es lo que lleva las pecizas a la mesa.

Peciza escarlata
Sarcoscypha coccinea

Identificación

1 Es pequeña, del tamaño de un cascarón de nuez, pero a pesar de su tamaño reducido es una peciza muy vistosa. Es más pequeña y de formas más regulares que la peciza anaranjada, y posee un pie valiente y achaparrado, de color blanquecino y un poco aterciopelado, que a veces se alarga para salir hacia el exterior cuando la peciza crece sobre un trozo de madera semienterrado. El pie se funde en un tiesto pequeño y redondeado, muy simétrico, que conserva su forma incluso al envejecer. Por fuera, toda la copa es también de color blanquecino, y contrasta con el interior de color rojo intenso y textura aterciopelada. Su carne es blanquecina, más consistente y abundante que en la peciza anaranjada.

Curiosidades

2 Es una seta de montaña que crece en las umbrías, en pequeños grupos, a menudo sobre ramas muertas o bien sobre otros restos vegetales enterrados, por lo que a veces parece salir directamente del suelo. Aparece a principios de primavera o incluso a finales de invierno, cuando la nieve apenas se funde y empieza a dejar claros de suelo al descubierto.

Valores culinarios

3 Por su tamaño, las pecizas escarlata tienen poca carne, que tiene una consistencia parecida a la de la peciza anaranjada, quebradiza, como de cera, pero algo más rígida. Como las demás pecizas, tampoco tiene mucho sabor. A pesar de que no son nada apreciadas, las pecizas escarlata también se consideran comestibles y hay quien las come crudas.

Oreja de asno
Otidea onotica

Identificación

1
Seta pequeña, de tres o cuatro dedos de altura como mucho, que recuerda una peciza puesta en posición vertical y con los bordes retorcidos hacia adentro. Su carne es delgada, delicada y quebradiza. El color de base es amarillento, como de rebozuelo, más sucio en la parte exterior y más vivo en el interior, que es la parte fértil de la seta. En su parte inferior, el cuerpo de la seta se transforma en un pie blanquecino y consistente.

Curiosidades

2
Es una seta de otoño que puede aparecer tanto en bosques de pinos como en robledos, encinares y otros bosques de planifolios, a menudo en grupitos. Le gustan los terrenos arenosos y ricos en materia orgánica.

Valores culinarios

3
En la cocina tiene poco valor, en esto también se parece a las pecizas. Se puede comer cruda en ensaladas, pero es muy poco apreciada.

Especies semejantes

4
La oreja de liebre, *Otidea leporina*, es parecida, pero de colores más apagados y apariencia más retorcida; la encontraremos en bosques de coníferas de montaña.

Cresta de gallo
Guepinia helvelloides

Identificación

1   Otro pariente cercano de las pecizas, en este caso de aspecto gelatinoso y de color entre rojo y rosado. Su carne es translúcida y no es quebradiza como la de la oreja de asno, sino de textura elástica. En general, esta seta tiene forma de embudo irregular abierto por un lado, a veces medio doblado, de forma variada porque cada ejemplar es un caso particular. A veces salen algunas juntas, apretadas las unas contra las otras, y toman un aspecto de flor muy curioso y llamativo. Puede alcanzar unos doce centímetros de altura. Nace en el suelo, a menudo en medio de musgos, sobre madera enterrada, en bosques de abetos o de pinos de montaña.

Valores culinarios

2   Su carne es gruesa, de sabor dulce y textura agradable, a pesar de que no es muy sabrosa. Es una de las pocas setas adecuadas para comer cruda, especialmente en ensaladas; también la podemos incorporar a una interesante macedonia de frutos del bosque.

Hongo del enebro
Tremella clavariaeformis

Identificación

1   Seta muy curiosa, que crece rodeando el tronco de los enebros. De lejos, parece un anillo de puntas de color amarillo que puede alcanzar fácilmente medio palmo de anchura. Pero cuando nos acercamos, veremos que las supuestas puntas son protuberancias blandas y temblorosas, que corresponden al cuerpo fructífero de un hongo que parasita estos arbustos y que puede llegar a ser muy perjudicial. Puede aparecer de repente en una población de enebros y después volver a desaparecer misteriosamente, del mismo modo que llegó.

Curiosidades

2   Las setas del género *Tremella*, como bien indica su nombre científico, tienen en común una consistencia temblorosa y quebradiza. En general, no son comestibles ni apreciadas, con algunas excepciones, como por ejemplo las orejas de gato.

Especies semejantes

3   Existen muchas especies de setas del género *Tremella*, y buena parte de ellas tienen formas más redondeadas o esponjosas. Esta es fácil de identificar, además de por su forma, porque solo vive sobre los enebros.

Oreja de Judas
Auricularia auricula-judae

Identificación

1   Otra seta de textura gelatinosa y elástica que tiembla al tocarla. Suele aparecer en mayo, pero también puede hacerlo en cualquier época del año si no hace frío, siempre sobre los troncos podridos de árboles plani-folios como el nogal, el olmo, el alcornoque e incluso los plátanos de las calles. Tiene forma de cazuela invertida, y aparece en grupos muy densos siempre después de algunos días de lluvia. Es de color marrón claro, un poco aterciopelado por fuera y muy liso por dentro. La parte inferior, que correspondería al interior de la cazuela, está llena de arrugas o venacio-nes que a veces recuerdan el interior de una oreja.

Curiosidades

2   Es una seta fugaz que aparece con la lluvia pero que al cabo de pocos días oscurece, se encoge y se seca. Entonces su aspecto cambia radical-mente, y se vuelve duro y coriáceo, fácil de confundir con la corteza seca de los árboles muertos.

Valores culinarios

3   En la boca, cruda, tiene la textura de un cartílago de la carne de la perola. Su gusto es suave, a veces un poco picante en el primer contacto, pero enseguida dulce, como de sangre cruda. A pesar de su aspecto frágil, no se rompe fácilmente, sino que hay que masticarla bien. Las setas de esta familia son muy apreciadas en China, pero aquí poca gente les da importancia.

Especies semejantes

4   La falsa tremella (*Auricularia mesenterica*) tiene textura parecida, pero tiene una forma más abierta, como un abanico pequeño más coloreado que la oreja de Judas.

Oreja de gato
Helvella crispa

Identificación

1   Seta pequeña de forma irregular. Su pie es largo y torcido y vacío por dentro, castigado y recorrido por pequeños surcos longitudinales de tamaño variable. Su sombrero, al igual que el pie, también es muy irregular, parecido a un trozo de piel arrugada y retorcida que a veces recuerda una pequeña silla de montar. El color del sombrero suele ser más oscuro que el pie, pero varía según las especies, de tonos marrones a casi negros. En la oreja de gato negra (*Helvella elastica*), por ejemplo, el sombrero es de color tostado oscuro, pero en otras especies tiene tonos mucho más claros. Su carne tiene poca consistencia, es blanquecina y no muy abundante.

Curiosidades

2   Las orejas de gato son setas pequeñas y frágiles, parientes de las colmenillas y el hongo bonete. El origen de su nombre se debe a la forma del sombrero, que recuerda la piel arrugada de la parte interior de las orejas de los gatos. El nombre latino *Helvella* significa 'pequeña hortaliza'.

Valores culinarios

3   Comestibles con reservas, ya que para comerlas tienen que estar muy cocidas, porque tienen sustancias difíciles de digerir si no se han cocido antes muy bien. Hay autores que incluso las consideran tóxicas. Una solución todavía más eficaz para eliminar las toxinas es dejarlas secar. Su carne tiene poca consistencia, es blanquecina y no muy abundante.

Hongo bonete
Gyromitra esculenta

Identificación

1
    Seta de primavera que crece aislada en los claros de los pinares de montaña. Se reconoce por un pie blanquecino a veces muy achaparrado y por un sombrero irregular, con muchos pliegues hacia adentro que recuerdan la forma de un cerebro de color castaño a veces un poco anaranjado. Cuando la seta tiene pocos días, tiene un tacto fresco y húmedo; con la edad se seca, se encoge y se vuelve más oscura.

Valores culinarios

2
    Hay que tener cuidado con el hongo bonete, porque es una seta que tiene un aspecto parecido a las colmenillas y las orejas de gato y encontraréis opiniones variadas sobre su comestibilidad. Según algunos autores, se puede comer una vez esté muy cocido. Las toxinas se eliminan todavía más si lo dejamos secar y lo rehidratamos con agua antes de consumirlo, tal y como hacemos con las colmenillas y las senderuelas. De todos modos, cada persona reacciona de una manera diferente ante una misma seta y, por lo tanto, recomendamos no hacer pruebas con la salud y no consumir el hongo bonete.

Especies semejantes

3
    La textura quebradiza y el sombrero y el pie vacíos por dentro recuerdan una colmenilla, hasta el punto de que hay gente que lo llega a confundir, a pesar de que, si nos lo miramos bien, no hay lugar para la confusión.

Colmenilla
Morchella spp.

Identificación

1

El nombre de colmenillas incluye varias especies de setas bastante semejantes entre ellas, pero en cambio muy diferentes de las demás setas. Son de tamaño mediano, con un pie hueco, de color claro, más o menos achaparrado, que soporta un sombrero muy original: tiene forma de capucha acabada en punta y llena de agujeros que recuerdan un panal de miel muy irregular. El color del sombrero varía en función de las especies, desde un tono rubio claro hasta tonos morenos oscuros, casi negros. Su carne es quebradiza, de color blanquecino, y huele muy bien.

Curiosidades

2

Las colmenillas son difíciles de encontrar porque se confunden fácilmente con la hojarasca del bosque. Suelen crecer en terrenos con bastante materia orgánica, especialmente si han sido removidos, y tienen una preferencia especial por las zonas quemadas. El mejor mes para las colmenillas es abril.

Valores culinarios

3

Son comestibles muy apreciados, a pesar de ser desconocidos para mucha gente, en parte porque solo aparecen en primavera, fuera de la temporada "típica" de las setas. Se pueden freír y hacer tortilla con ellas, y también hay recetas para cocinarlas rellenas, aprovechando que están vacías por dentro. También se pueden dejar secar para después molerlas hasta convertirlas en un polvo que se añade a los cocidos como condimento, sin abusar, porque su sabor es muy fuerte. Este sistema también es válido para las trompetas, los hongos calabaza y las senderuelas.

Hay quien las seca enteras, colgándolas en un lugar seco y aireado. Después, cuando queramos cocinarlas, las dejaremos un rato en remojo y retomarán su forma habitual, aunque sin consistencia. La receta del autor es más sencilla: recién recogidas se cortan a trocitos y se comen muy fritas con un punto de sal y ajo y perejil. Es una seta que siempre debe comerse muy cocida.

Especies semejantes

4

Hay quien las ha confundido con el hongo bonete pero, si nos fijamos bien, las colmenillas son inconfundibles. Las especies más comunes son *Morchella vulgaris* (arriba), *Morchella esculenta* (en el centro) y *Morchella conica* (abajo).

Trufa
Tuber spp.

Identificación

1

Una trufa es una seta que crece bajo tierra. Tiene la forma de una patata pequeña y una textura granulosa. Si la agarramos con la mano, veremos que es mucho más dura y pesada que cualquier otra seta. Su color es oscuro pero su carne, compacta, no es tan oscura, y tiene muchas vetas blancas y delgadas que la atraviesan hasta dibujar un laberinto en miniatura. Las trufas negras aparecen en invierno, de noviembre a marzo, cerca de encinas, robles y avellanos. A veces incluso a simple vista se distingue la tierra agrietada por la presión de la seta, e insectos pequeños que vuelan atraídos por su olor. Pero la mayoría de las veces no hay ningún signo exterior que nos diga dónde está exactamente y, por lo tanto, son muy difíciles de encontrar sin perros adiestrados, que las encuentran por su olor tan intenso y característico.

Curiosidades

2

Las trufas utilizan su olor para difundir las esporas. Una vez están muy maduras, el hedor que desprenden atrae animales de bosque, como los jabalíes, que hurgan y las desentierran para comerlas, colaborando así en la dispersión de las esporas. Actualmente ya es posible cultivar trufas, plantando árboles (encinas y avellanos) con las raíces infectadas del hongo previamente en el laboratorio.

Valores culinarios

3

Excelente, es con diferencia la seta más apreciada, por lo menos teniendo en cuenta su precio. Normalmente se usa como condimento. Una receta, el "coñac de trufas", consiste sencillamente en poner una trufa partida en trocitos dentro de una botella de coñac, y dejarla hasta que el propio licor coge el gusto de la trufa. Un chorrito de coñac de trufas da buen gusto a cualquier guiso de carne. Hay recetas para hacer trufas al rescoldo, envueltas con tocino y papel de plata, pero dado su precio, este debe de ser un manjar reservado solo a unos pocos.

El mercado de la trufa es muy especial. Truferos y mayoristas hacen los tratos de palabra, y pesan las trufas en privado. La razón de tanto misterio, además del precio pactado, es guardar el secreto sobre la procedencia. Los truferos se conocen entre ellos, y no quieren enseñar su cosecha a los colegas porque detalles como el color de la tierra, o la forma de las trufas, podrían dar pistas sobre la zona de origen. La variedad más apreciada, con diferencia, es la trufa negra (*Tuber melanosporum*), arriba. La trufa de verano (*Tuber aestivum*), en medio, y la trufa de invierno (*Tuber brumale*), abajo, son consideradas de segunda categoría.

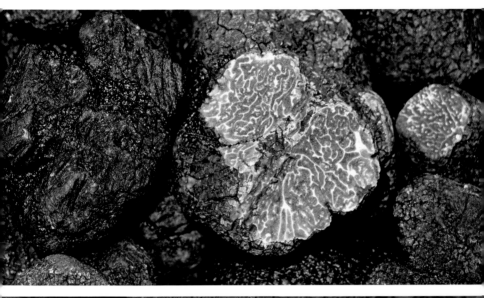

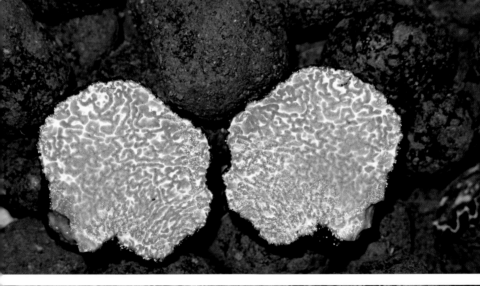

Criadillas y esclerodermas
Rhizopogon spp. y *Scleroderma* spp.

Identificación

1

Además de las trufas, hay otras muchas especies de setas hipogeas, poco conocidas y difíciles de encontrar, que también tienen forma globular y viven más o menos enterradas; por lo tanto, podrían confundir fácilmente a un principiante. A pesar de que pertenecen a familias muy diferentes, la evolución hacia un hábitat común ha hecho que acaben teniendo formas muy parecidas. Son conocidas como criadillas o esclerodermas.

La criadilla amarillenta, *Rhizopogon obtextus* (arriba), nace tan cerca de la superficie que a veces incluso a simple vista se puede ver la seta medio enterrada. Aparece recubierta de pelos muy delgados que parecen raíces muy pequeñas pero que en realidad son parte del micelio del hongo.

Las esclerodermas sacan la cabeza del suelo como un pedo de lobo. Como bien dice su nombre científico, tienen una piel gruesa y consistente que guarda una gleba no comestible. La escleroderma, *Scleroderma verrucosum* (en el centro), tiene un falso pie que soporta un cuerpo deformado lleno de pequeñas verrugas. La escleroderma amarilla, *Scleroderma citrinum* (abajo), es de color más claro y tiene la piel decorada con una trama de pequeños polígonos. Hay que estar muy alerta para no confundir estas setas con una trufa.

Valores culinarios

2

La mayor parte de criadillas y esclerodermas no son comestibles, más bien al contrario, nos pueden traer algún dolor de tripa, con la excepción de las criadillas de tierra (*Terfezia arenaria*), muy apreciadas en Extremadura y Andalucía. Son parientes cercanos de las trufas que recuerdan en su aspecto una criadilla glabra, con la gleba blanca y granulosa. Tienen un gusto mucho más suave que las trufas y lo mismo pueden servir para hacer tortillas que sopas o guisos. Nacen en primavera cerca de las estepas, tan cerca de la superficie que los expertos las encuentran a simple vista.

Especies semejantes

3

Hay muchas. Las patatas de monte (*Rhizopogon roseolus*) tienen la gleba blanca, amarilla o verdosa y huelen un poco a ajo cuando están maduras. A la criadilla de Rocabruna (*Rhizopogon rocabrunae*), que recuerda el fruto de un madroño, la bautizaron en honor al maestro August Rocabruna, pionero en el mundo de la micología ibérica.

Pedos de lobo
Lycoperdon spp.

Identificación

El nombre de pedo de lobo incluye toda una serie de setas redondeadas, casi esféricas, sin pie visible o bien con un pie corto y achaparrado que entronca enseguida con el cuerpo y que les da forma de peonza. La mayoría tienen una textura granulosa. Cuando son jóvenes, están hechos de una carne blanca y de textura consistente pero un poco elástica y pegajosa. Empiezan siendo de color claro y con el tiempo se van oscureciendo. Cuando la seta está madura, su carne desaparece y toda la seta acaba convertida en un saco de polvo, que son las esporas, el equivalente a las semillas en el mundo de las setas. Los pedos de lobo crecen en todo tipo de bosques, y también en prados y jardines, especialmente en otoño.

Curiosidades

El sistema de producción de las esporas es muy diferente a todas las setas convencionales, puesto que, con el tiempo, todo el terrón de carne se convierte en millones de esporas microscópicas. Las esporas tienen la salida por un agujero que aparece en la parte superior de la seta. Cuando el pedo de lobo está muy maduro, cualquier pequeño impacto sobre la piel provoca la expulsión de una nubecita de esporas por el orificio de salida. Lo podemos comprobar golpeando suavemente la seta madura con el dedo, pero el pedo de lobo responde específicamente a los impactos de las gotas de agua de lluvia que chocan contra su cuerpo. El sistema es ingenioso, porque de este modo las esporas salen al exterior justamente en el momento más indicado, cuando llueve y, por lo tanto, hay humedad y más posibilidades de germinar.

Valores culinarios

Los pedos de lobo son comestibles de muy jóvenes, cuando su carne es blanca y tierna. Entonces se pueden cortar rebanadas y comérselas rebozadas. Pero la verdad es que casi nadie los recoge. Su degustación es cosa de los especialistas en la gastronomía de las setas.

Especies semejantes

Hay muchas especies de pedos de lobo e identificarlas no es fácil, excepto el bejín aerolado y el bejín gigante que tratamos a continuación. En los hayedos sale el bejín erizado (*Lycoperdon echinatum*), fácil de reconocer por las agujetas diminutas de color tostado que recubren todo su cuerpo. El bejín perlado (*Lycoperdum perlatum*), arriba, con su piel muy granulada, también resulta de fácil identificación.

Bejín aerolado
Calvatia utriformis

Identificación

1   Es uno de los pocos pedos de lobo que se reconocen fácilmente, por su gran tamaño (al menos como el puño) en comparación con la mayor parte de setas de este grupo. La piel de su cuerpo no es fina ni granulosa, sino que está decorada con un mosaico de verruguitas piramidales aplanadas, más patentes a medida que la seta crece, y más oscuras hacia la parte superior. No tiene pie visible a simple vista, sino una forma de esfera achaparrada que se estrecha en la parte de abajo y que forma un falso pie que queda escondido bajo el cuerpo. Aparece en verano y en otoño en prados muy abonados, por ejemplo, por los excrementos del ganado de pasto.

Curiosidades

2   El bejín aerolado se abre por encima para liberar una masa de esporas de color oscuro que es llevada por el viento. Entonces queda el cascarón seco, de consistencia papirácea, con una gran abertura en la parte superior, que es consistente y soporta incluso la llegada del invierno, convertido a veces en juguete del viento, que le hace rodar por el prado.

Valores culinarios

3   Es comestible, aunque poco apreciado. Si lo recogemos cuando es muy tierno, se puede comer frito o rebozado como el calabacín. Se aprovechan solo los ejemplares más jóvenes, que todavía tienen la carne muy blanca, en realidad un consejo extensible a todo tipo de setas.

Bejín gigante
Langermannia gigantea

Identificación

1

Este es el auténtico gigante de nuestras setas, puesto que fácilmente llega al tamaño de una pelota de fútbol, y, en algunos casos, puede llegar incluso a medir medio metro de diámetro y pesar unos cuantos kilos de peso. Tiene la forma típica de un pedo de lobo, pero a lo bestia. Su piel es lisa, de color tiza o amarillenta, a veces un poco escamosa. Cuando es joven, su carne es blanca, pero a medida que maduran las esporas se vuelve primero amarillenta y después de color oscuro. Cuando la seta es vieja, pierde humedad y peso, y la cubierta se seca y se separa en placas de textura papirácea. Crece muy de prisa, y aparece repentinamente en prados y jardines, muchas veces en pequeños corros, aunque, eso sí, muy de vez en cuando. Puede ofrecer un florecimiento espectacular durante un otoño y después desaparecer durante muchos años.

Curiosidades

2

Como todos los pedos de lobo, este gigante también acaba convirtiéndose en una gran masa de billones de esporas diminutas. Su gran tamaño, combinado con la pequeñez microscópica de una espora, convierte el bejín gigante en el ser vivo capaz de fabricar un número más grande de células reproductoras.

Valores culinarios

3

Recogido cuando aún es muy joven es comestible, tiene una carne tierna que se puede cortar en rebanadas y para comer rebozada.

Estrellas de tierra
Geastrum spp.

Identificación

1   Hay varias especies de estrellas, todas con un nombre científico personal, pero englobadas dentro del género *Geastrum*, un nombre de origen griego que significa 'estrella de tierra'. Las estrellas son de la familia de los pedos de lobo. Nacen con toda la fisionomía de un pedo de lobo, pero cuando maduran, si hay suficiente humedad, la pared exterior que las cubre se agrieta a partir del punto más alto, y se abre hacia fuera formando una estrella y dejando en medio la cápsula que lleva las esporas. Cuando las esporas son maduras salen por un agujero que aparece en la parte superior, del mismo modo que en los pedos de lobo. Hay varias especies de estrellas de tierra, pero todas son setas de pequeño tamaño, menores que un huevo de gallina. Su color varía entre los tonos terrosos y blanquecinos característicos de todos los parientes de su orden. Crecen en lugares con mucha humedad, bajo la hojarasca del bosque o en hondonadas cerca de algún riachuelo, en otoño. No suelen ser muy abundantes.

Curiosidades

2   La estrella de tierra higrométrica (*Astraeus hygrometricus*), abajo, pertenece a otro género, pero tiene un aspecto bastante parecido. Esta especie tiene la capacidad de abrirse y cerrarse en función de la humedad ambiental: se cierran para proteger las esporas cuando hay sequía y se abren con la humedad para favorecer su dispersión. Su consistencia coriácea les permite perdurar en el tiempo, hasta el punto que en el campo se habían usado como un higrómetro natural.

Valores culinarios

3   A pesar de que no tienen ninguna sustancia tóxica, nadie las come ni hemos encontrado recetas o indicaciones para cocinarlas.

Falo hediondo
Phallus impudicus

Identificación

1   Seta muy curiosa, que presenta una fisionomía original. Cuando es joven es un huevo blanquecino de forma bastante simétrica, origen sin duda de su nombre. En este estadio, a menudo está medio enterrado en la hojarasca y es difícil de ver. El huevo puede pasar días aparentemente inmóvil pero, a menudo después de una lluvia generosa, se abre para dar paso a un tronco que crece turgente en dirección al cielo, coronado por una gleba gelatinosa. El cuerpo de la seta es de color blancuzco y aspecto esponjoso, y conserva en la base los restos del envoltorio que lo protegía. La gleba viscosa que corona la torre es de color oscuro, algo más ancha que el tronco en su base, pero adelgaza hasta acabar casi en punta en el extremo superior. Es la parte fértil de la seta, y produce un hedor fétido que atrae muchos insectos, tantos que es difícil encontrar un falo hediondo intacto, puesto que las moscas se posan sobre él hasta que lo limpian y dejan solo el soporte de la gleba, de textura esponjosa y color blancuzco como el resto de la seta. Poco después el falo hediondo se marchita tan rápidamente como se ha elevado. Es una seta de verano y de otoño que crece a menudo en bosques caducifolios.

Curiosidades

2   El nombre científico de esta seta, *Phallus impudicus*, demuestra que los científicos también tienen sentido del humor.

Valores culinarios

3   Esta seta es tan maloliente que no invita a recogerla. De todos modos, algunos autores dicen que, cuando son muy jóvenes y todavía tienen forma de huevo, los falos hediondos son comestibles y tienen un sabor que recuerda el rábano.

Falo perruno
Mutinus caninus

Identificación

1   Es la versión reducida del falo hediondo. El patrón es el mismo: antes que nada aparece como un huevo pequeño y alargado enterrado bajo la hojarasca, que después estalla por la parte de arriba para dar paso a un tronco, o más bien un tronquito, que lleva arriba del todo una pequeña gleba viscosa apenas del tamaño de un dedal. Esta gleba es la parte fértil de la seta productora de esporas, y desprende un hedor que atrae a los insectos que, a cambio de un poco de comida, colaboran en la dispersión de las esporas. Su tamaño, comparado con el falo hediondo, es muy reducido, el tronco del falo perruno apenas es grueso como el dedo meñique, nada que ver con el falo hediondo, que tiene las mismas proporciones que un pene humano en erección. Crece entre la hojarasca, en lugares húmedos, desde finales de verano hasta el otoño.

Curiosidades

2   El falo perruno comparte con otras setas, como el falo hediondo y el clatro rojo, la estrategia de hacer mal olor y tener una gleba viscosa con el objetivo de atraer insectos que después colaboran involuntariamente en la dispersión de las esporas.

Clatro rojo
Clathrus ruber

Identificación

1 Seta muy curiosa, a pesar de que no es muy conocida, en parte porque no es muy abundante y, además, porque crece y se marchita muy deprisa. Cuando es joven, el clatro rojo es un huevo blanquecino como el de la oronja, que también se abre por arriba, donde enseguida aparece el rojo sangre del cuerpo de la seta. Después el clatro crece deprisa y toma su forma inconfundible, una curiosa mezcla entre una construcción de coral y un diseño de panal de abejas. Por dentro, toda la construcción está pringada por una gleba oscura, que hace bastante mal olor y atrae a los insectos. Muchas veces es fácil ver alguna mosca que, con los pies muy untados, ayudará a la dispersión de las esporas. Los clatros rojos pueden aparecer en cualquier época del año, pero lo hacen sobre todo en otoño, a menudo en claros o cerca de los caminos del bosque, y también en el césped de los jardines.

Valores culinarios

2 Por su mal olor, es difícil que alguien lo coja y se lo lleve a la cocina. Sin embargo, hay micólogos que aseguran que es comestible cuando es joven y el huevo aún no ha estallado.

Ciato estriado
Cyathus striatus

Identificación

1

Seta fácil de reconocer porque recuerda un nido de un pájaro en miniatura, con sus huevos en el fondo. Solamente su tamaño (poco más de un centímetro de diámetro) hará que muchas veces nos pase desapercibido. Cuando son pequeñas, estas setas tienen la forma de una pequeña zanahoria de color marrón que con el tiempo se abre por la parte más ancha y coge la forma de copa de la seta madura. Las paredes de esta copa están adornadas con surcos simétricos que la recorren de arriba a abajo, origen del apellido latino de *striatus*. Dentro de la copa hay unas pequeñas bolas aplanadas de color claro, cargadas de esporas, que son expulsadas cuando una gota de lluvia hace diana dentro del nido, ayudando así a la dispersión de las esporas. Los ciatos estriados aparecen en grupo encima de ramas muertas, y a veces también directamente en el suelo o sobre restos vegetales. Se desarrollan en verano y en otoño.

Curiosidades

2

Los ciatos estriados son unas de las setas más curiosas que existen, y en cambio son muy poco conocidas, pues se confunden totalmente con el entorno.

Valores culinarios

3

Por su tamaño diminuto y su textura, no tienen ningún valor culinario.

Especies semejantes

4

Hay otras especies de ciato estriado todavía más pequeñas y, por lo tanto, más difíciles de encontrar, como por ejemplo el *Crucibulum laeve*, que también aparece sobre la madera, e incluso sobre serrín y papeles en descomposición.

Carbón del maíz
Ustilago maydis

Identificación

1   Las setas del grupo de los carbones son parásitos de plantas superiores, en este caso del maíz, de las cuales roban directamente los nutrientes. Normalmente crecen sobre las mazorcas, pero también pueden salir directamente de las hojas o del tallo. Tienen el aspecto de chichones sin forma concreta que aparecen cuando el maíz ya está maduro, en zonas de montaña o lugares húmedos. Pueden ser de color blanquecino o gris azulado. Cuando han crecido, alcanzan el tamaño de un puño y acaban abriéndose y liberando una nube de esporas de color oscuro.

Valores culinarios

2   Muy tierno, el carbón del maíz sería comestible, pero aquí no es nada apreciado. En México, en cambio, se considera una herencia culinaria de la época prehispánica e incluso se cultiva, raspando las mazorcas tiernas de maíz para favorecer su expansión. Se guisa con ajo, acompañado de alguna salsa y forma parte de varios platos típicos del país. Su sabor delicado, dicen, recuerda el de las colmenillas. Es conocido como *huitlacoche* y lo venden incluso en los mercados. En algunos restaurantes de nivel de Europa y Estados Unidos lo ofrecen como trufa mexicana.

Especies semejantes

3   El grupo de los carbones incluye una multitud de hongos parásitos de especies vegetales, como el trigo, la avena, la cebada e incluso la grama. Cada carbón suele estar especializado en una especie de planta y se manifiesta como una tumoración del tejido vegetal que se localiza sobre todo en las flores o en las espigas.

Hidno herrumbroso
Hydnellum ferrugineum

Identificación

1

Es de la misma familia que la lengua de gato y la lengua de vaca, aunque mucho menos conocido porque no tiene ningún valor culinario. También tiene agujas en vez de láminas. Cuando es joven, esta seta es muy vistosa, puesto que es redondeada como un pedo de lobo pero exuda unas gotas de un líquido rojo como la sangre absolutamente inconfundibles. Si lo presionamos un poco, sacará todavía más cantidad de líquido. En tiempo húmedo, el hongo continúa exudando estas gotitas, pero en tiempo seco se seca rápidamente. Cuando crece, se abre y se queda achaparrado, en forma de embudo, con un pie corto y grueso en la base, de color oscuro. Su sombrero es muy irregular, de color entre canela y aspecto enmohecido por encima y lleno de pequeñas agujas blanquecinas por debajo, que se oscurecen con el tiempo. Tiene una carne enjuta como el corcho, casi como un yesquero, que emana un olor agradable, como de harina. Crece en otoño, sobre todo en bosques de pinos. Muchas veces, al crecer, envuelve hojas secas de pino o tronquitos delgados que quedan incrustados en la seta.

Curiosidades

2

Es poco conocido, y los ejemplares jóvenes son tan diferentes de los adultos que pueden tomarse por dos setas distintas.

Valores culinarios

3

No se sabe que sea tóxica, pero la textura de su carne tan seca desanima incluso a los que quieren probarlo todo.

Lengua de gato
Hydnum rufescens

Identificación

1   Pariente cercano de la lengua de vaca, la lengua de gato es más pequeña y más cobriza, y de color más intenso, tirando a naranja. Su sombrero es irregular, hecho de una carne de color crema, quebradiza, que no huele mucho. Las agujas de la parte de debajo son gordas y muy visibles, apretadas entre ellas, del mismo color tostado de la seta, y no se extienden pierna abajo sino que están muy delimitadas debajo del sombrero. Su pie es blanquecino y se estrecha a medida que se acerca al sombrero. Es una seta de otoño que se hace en los pinares o bien en bosques caducifolios, muchas veces en pequeños grupos.

Curiosidades

2   La lengua de gato es un pariente tan cercano de la lengua de vaca que algunos autores han llegado a considerarla una variedad de la misma especie. También a nivel popular a veces se denomina *lengua de vaca*.

Valores culinarios

3   Es comestible pero poco apreciada, de gusto dulce y suave que a veces amarga un poco, más o menos de la misma categoría que la lengua de vaca. Recomendamos comerla muy cocida para sacarle el amargor. Se usa sobre todo para acompañar carnes guisadas, no hemos encontrado recetas específicas para esta seta.

Lengua de vaca
Hydnum repandum

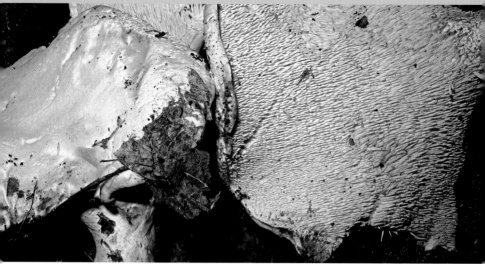

Identificación

1   De la familia de la lengua de gato, pero más robusto y valiente y de color blanquecino o tirando a crema. Tiene un pie corto y grueso, macizo, que a menudo desemboca a un lado del sombrero, muchas veces irregular y con una forma particular en cada ejemplar. Como la lengua de gato, la parte inferior del sombrero también está recubierta de muchas agujas blanquecinas o amarillentas muy pequeñas y frágiles, que se rompen enseguida al mínimo contacto y dejan marcas de color más oscuro. Las agujas, en este caso, no se limitan a estar debajo el sombrero, sino que son decurrentes y envuelven parte del pie. Su sombrero es muy irregular, pero siempre es grueso y plegado hacia abajo, hecho de una carne blanquecina y frágil, de color blanco amarillento. Las lenguas de vaca crecen en otoño y principios de invierno, en bosques de roble y otros planifolios.

Curiosidades

2   El nombre de *lengua de vaca* tiene su origen en la semejanza de las agujas de la parte inferior del sombrero con la textura de lengua áspera de las vacas.

Valores culinarios

3   Poco apreciada, hay que procurar elegir setas jóvenes y cocerlas muy bien. Su carne no se carcome fácilmente y permite ser confitada. Amarga un poco si no está bien cocida.

Piel de corzo
Sarcodon imbricatus

Identificación

1   Seta curiosa y de fácil identificación. Es un pariente de gran tamaño del hidno herrumbroso, que fácilmente llega a los quince o veinte centímetros de diámetro. Tiene el sombrero cubierto de vistosas escamas oscuras, dispuestas concéntricamente, a veces ligeramente superpuestas como las escamas de una serpiente, que destacan sobre los tonos más claros del sombrero. En la parte inferior del sombrero, el libro esta substituido por una gran cantidad de pequeñas agujas grises y quebradizas. Las agujas son parecidas a las de las lenguas de vaca, pero de color más oscuro, y también abrazan un poco la parte superior del pie. Crece en otoño en bosques de pinares.

Valores culinarios

2   No es comestible tal y como lo encontramos, pero hay quien se lo come secado y molido, como un condimento.

Pie de cabra
Albatrellus pes-caprae

Identificación

1   Seta en forma de abanico, de tamaño pequeño o mediano. Tiene un pie corto y achaparrado, macizo, que crece torcido, soportando el sombrero por un lateral. En la parte inferior del sombrero aparecen cientos de poros que se extienden hacia el pie, formados por pequeños tubos paralelos recortados que dibujan un diminuto panal de miel, y que en conjunto adquiere un tono blanquecino. Su sombrero tiene los lados doblados hacia abajo pero no tiene una forma determinada. Por encima es de color marrón oscuro, más claro cuando es joven y más oscuro con la edad, que contrasta con el color claro de los poros y el tono amarillento de la base del pie. Toda la parte superior del sombrero muestra unas escamas pequeñas que le dan un tacto áspero y seco. Su carne es blanquecina, más amarillenta en el corazón de la seta y un poco coriácea. Es una seta de verano y otoño, que crece directamente en el suelo, contrariamente a otros miembros de su familia, que crecen en la madera. Lo encontraremos en varios tipos de bosque, pero especialmente en los abetales y en los hayedos maduros.

Curiosidades

2   Su nombre vulgar y también su apellido científico *pes-caprae* provienen del parecido que la forma de esta seta puede tener con la pata de una cabra si la ponemos boca abajo, puesto que suele tener la pierna excéntrica, que sale de un lado del sombrero, y a menudo tiene un surco central que casi lo parte en dos.

Valores culinarios

3   Comestible muy apreciado en algunos lugares concretos, como por ejemplo el Montseny (Gerona), pero muy desconocido en general. Tiene carne blanquecina con sabor a avellana.

Yesquero multicolor
Trametes versicolor

Identificación

1
Seta de tamaño mediano que forma grandes colonias sobre troncos y ramas caídas en descomposición, y a veces también sobre árboles vivos. De tamaño pequeño para ser un yesquero, no suele pasar de diez centímetros de anchura. Su sombrero en forma de abanico llama enseguida la atención, puesto que está decorado con anillos de color concéntricos ordenados, como los colores del arco iris. La variedad de tonalidades es inmensa, a pesar de que cada ejemplar sigue un tono general dominante. Hay ejemplares casi blancos y otros muy oscuros, pasando por tonos azulados, verdes o enmohecidos, por lo cual tiene muy merecido el nombre de *yesquero multicolor*. Es una seta delgada, de poca carne, y consistencia suberosa. Por debajo, el sombrero muestra una multitud de poros muy pequeños. Crece todo el año en lugares húmedos, sobre todo en bosques caducifolios.

Curiosidades

2
Se trata de una seta atractiva y que se conserva muy bien una vez desecada. Por esta razón en varios países del norte de Europa lo recogen y lo usan como un ingrediente más de la ornamentación navideña e incluso para confeccionar otros objetos de decoración.

Valores culinarios

3
No tiene ningún valor en la cocina porque su carne blanquecina es dura y elástica como el corcho.

Especies semejantes

4
El hidno negro (*Phellodon niger*) y el hidno anaranjado (*Hydnellum aurantiacus*) tienen un diseño parecido basado también en anillos concéntricos encima del sombrero, pero son más gordos y carnosos y tienen agujas debajo del sombrero. También hay otras setas del mismo género *Trametes* que pueden ser bastante parecidas.

Yesquero erizado
Inonotus hispidus

Identificación

1   Yesquero muy vistoso cuando es joven, que crece muy pegado al tronco de árboles vivos de especies muy diversas, desde plátanos y chopos hasta árboles frutales, arces, encinas o hayas. Sale directamente del tronco, sin pie, muchas veces a partir de una herida o una grieta de la corteza. Al principio tiene un tacto aterciopelado y agradable por la presencia de una multitud de pelos diminutos que cubren toda su superficie. Suele tener una forma muy simétrica. Su color, en cambio, es más variable. Cuando es joven es muy vistoso, con tonos anaranjados en la parte de arriba y de color blancuzco, un poco amarillento, en la parte inferior, y un ribete de color claro que decora todo el borde. La parte inferior de la seta exuda gotitas de agua que crecen muy despacio y quedan colgadas temporalmente debajo del sombrero hasta que son demasiado grandes y caen al suelo. Cuando el hongo es ya viejo pierde los pelos que le dan el tacto aterciopelado y se vuelve oscuro, casi negro, manteniendo solo el color del borde, siempre más claro que el resto de la seta. También, con la edad, se seca y deja de segregar gotitas de agua de debajo del sombrero.

Curiosidades

2   El yesquero erizado puede llegar a ser un auténtico gigante de la inmensa familia de los yesqueros. Normalmente no crece hasta mucho más de un palmo, pero en condiciones favorables, como es el caso del ejemplar de la fotografía, puede llegar a superar incluso el medio metro de diámetro.

Hongo yesquero
Fomes fomentarius

Identificación

1   Otro yesquero robusto y consistente como el corcho. Crece sobre árboles caducifolios vivos o muertos, especialmente en olmos, fresnos y hayas, a menudo a muchos metros de altura. Tiene la forma de una pezuña de caballo, muy grueso en la parte que toca al árbol y delgado en la parte exterior. La parte superior de la seta es abultada y marcada por círculos concéntricos voluminosos, más pequeños cuanto más arriba y más cercanos al tronco, con los bordes de diferente color que la parte central. La parte inferior del hongo es plana o un poco hundida, de color claro. Cuando es joven tiene un color entre tostado y grisáceo, pero con el tiempo cambia primero hacia gris ceniza / blanquecino y finalmente se oscurece. Los poros de la parte de abajo son blancos al principio, pero después también se van oscureciendo, de forma que normalmente se muestran algo más oscuros que la parte superior de la seta. Muy grande, puede sobrepasar los cuarenta centímetros de diámetro.

Curiosidades

2   Antiguamente esta seta había sido utilizada como yesca para encender el fuego, puesto que si está muy seco y molido es muy inflamable. Reducido a polvo, también se usaba como hemostático para parar hemorragias.

Silla de montar
Polyporus squamosus

Identificación

1

Seta fácil de encontrar y de reconocer porque es grande y vistosa. Tiene una forma típica de abanico, con un pie robusto, de color blanquecino, que soporta todo el sombrero por un lateral. Su sombrero, grande y grueso, tiene debajo muchos poros pequeños, apretados entre ellos, que en conjunto le dan una apariencia blanquecina o amarillenta. La parte superior es de un color tostado, más o menos oscuro, con unas escamas muy gordas dispersadas formando anillos concéntricos que siguen la forma del sombrero, y que tienen un color tirando a negro. Su carne es blanquecina, huele bien y tiene un sabor dulce, pero se va endureciendo con el tiempo y acaba siendo fuerte y dura, imposible de comer. Suelen salir sobre troncos cortados de varios árboles, especialmente en los tocones muertos que quedan en el bosque una vez se ha cortado el árbol; también en árboles caídos, y a veces sobre heridas de la corteza de árboles vivos. Salen en verano y en otoño.

Curiosidades

2

Las sillas de montar crecen muy despacio y viven mucho tiempo; por lo tanto, las podemos encontrar en cualquier época del año. Al principio tienen la carne blanda, pero pronto se vuelve coriácea como el corcho e incluso fuerte como la madera cuando la seta es vieja.

Valores culinarios

3

No es muy apreciada a pesar de que hay gente que la come cuando es joven y todavía es blanda, y dicen que sabe bien. Aun así, hay que cocerla muy bien. No es recomendable.

Yesquero del pino
Fomitopsis pinicola

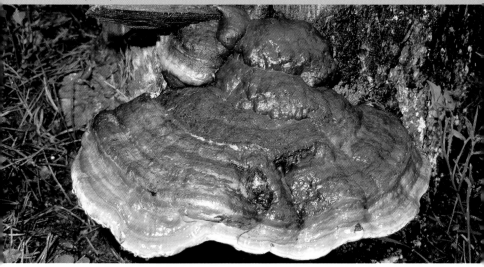

Identificación

1   Es el equivalente al hongo yesquero pero adaptado a las coníferas. Es el más coloreado de los yesqueros grandes, sobre todo por los anillos concéntricos de la parte superior del sombrero, que en la parte exterior, que es la de crecimiento, tienen colores óxido o cobrizos muy vistosos. La parte interior del hongo, junto al tronco del pino, es siempre de color oscuro. Por abajo es de color claro, repleto de múltiples poros redondeados que exudan unas gotas acuosas durante la época de crecimiento. Es frecuente en los bosques de montaña, especialmente sobre pino rojo, pino negro y abeto. Como el hongo yesquero, también se había utilizado para encender fuego.

Curiosidades

2   Los yesqueros son hongos parásitos o saprófitos que tienen consistencia leñosa o de corcho. Este grupo incluye varias familias y centenares de especies, y conocerlas todas a fondo es trabajo exclusivo de los expertos. Las especies saprófitas viven sobre árboles muertos o ramas en descomposición, pero hay muchas especies parásitas que viven directamente pegadas a los troncos de árboles vivos, de los cuales sacan los nutrientes que necesitan. Los yesqueros no crecen sobre cualquier tipo de madera, sino que cada especie tiene sus preferencias. Los hay de tamaños y formas muy variadas, pero los más vistosos suelen tener forma de medio plato, más oscuro de la parte superior y más claro por la inferior, donde hay una esponja de poros productores de esporas. La mayor parte se arranca fácilmente y hay gente que los usa como objetos de decoración.

Pipa
Ganoderma lucidum

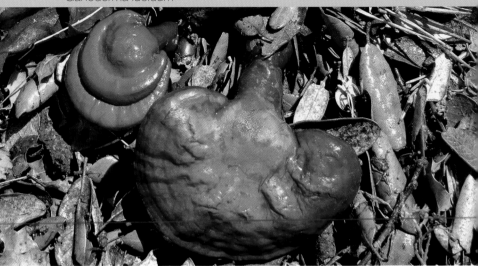

Identificación

1   Seta de tamaño mediano con un pie irregular, a veces medio torcido, pero largo, duro y fuerte, que soporta el sombrero por un lateral. Su sombrero es redondeado como un plato, excepto cuando se encuentran dos setas enganchadas, que entonces toma una forma parecida a un ocho. Por debajo trae un gran número de poros muy pequeños, que casi no se aprecian a simple vista, y que en general le dan un tono blanquecino, que acaba siendo amarillento con el tiempo. Por encima, la pipa tiene un tono rojo cereza, con aspecto barnizado, como si fuera lacado o pintado expresamente, que le da una fisionomía muy vistosa. El pie también comparte esta coloración. Son setas de verano y de otoño, que crecen sobre ramas y troncos, a veces sepultadas, en bosques caducifolios o de coníferas.

Curiosidades

2   A manos de un buscador de setas, las pipas no sirven de mucho, pero hay quien agradece su consistencia leñosa y sus colores llamativos, y las recoge para utilizarlas como objetos de decoración.

Valores culinarios

3   No se aprovechan para comer porque su carne, de color amarillento, es muy dura.

Hígado de buey
Fistulina hepatica

Identificación

1 Seta mediana o grande, que puede llegar a medir un palmo, pero que normalmente se queda mucho más pequeña. Se presenta como una masa compacta que recuerda una lengua o un hígado, sujeta a un tronco por un pie lateral carnoso y corto, a veces casi inexistente, como un yesquero. Su sombrero sale directamente de los troncos de los árboles, y a veces se divide en dos o tres pencas, lo que le da todavía más similitud al aspecto de un hígado. Es más grueso en el punto donde se pega al tronco, y se va adelgazando cuanto más cerca de los bordes. Por debajo, está repleto de poros redondos, diminutos, de color blancuzco, que se enrojecen cuando se magullan. Por encima es de color teja cuando es joven y después se vuelve rojo oscuro, sin perder nunca la textura verrugosa. Con el tiempo, por abajo también coge una coloración más oscura, tirando a rosado. Su carne es de color rojizo, llena de unas venas que recuerdan todavía más la consistencia carnosa. Al principio es blanda y fibrosa, con un sabor amargo, pero con el tiempo se endurece y se vuelve más leñosa. El hígado de buey crece en verano y en otoño, siempre sobre troncos de árboles caducifolios, como por ejemplo robles o castaños.

Valores culinarios

2 Comestible de muy joven, pero poca gente lo recoge. Hay quien dice que, cuando es tierno, incluso se puede comer crudo añadiéndolo a las ensaladas como las pecizas anaranjadas, o bien frito cortándolo a rebanadas muy finas. Sin embargo, conviene eliminar la piel de la parte superior y también la parte porosa de debajo del sombrero.

Seta de ostra
Pleurotus ostreatus

Identificación

1

El apellido latino de esta seta, *ostreatus*, nos indica la forma de su sombrero, que recuerda una ostra o una concha. Se adelgaza por los bordes y se recoge hacia un lado, donde se hace más carnoso, hasta acercarse al pie. Por encima, las setas de ostra pueden ser de color de avellana o grisáceo. Por debajo, tienen láminas delgadas y apretadas, de un color blanco que comparten con el pie, que es corto y carnoso, macizo e inclinado. En estado natural, las setas de ostra viven sobre la madera podrida de los árboles caídos o muertos, especialmente chopos, pero también sauces, olmos y álamos. Crecen en grupo, tanto en primavera como en otoño. Tienen una carne blanca y blanda, de olor suave y sabor dulce.

Curiosidades

2

La seta de ostra vive sobre materia orgánica y para crecer no depende de ninguna especie de planta. El hongo se instala dentro de la madera y cuando produce las setas, parecen salir de dentro del tronco. El cultivo industrial de las setas de ostra es mucho más moderno que el del champiñón. En un principio, se recogían troncos naturales para inyectarles la semilla (es decir, el micelio) por grietas o por agujeros hechos expresamente. Los troncos se mantenían medio enterrados para mantener la humedad, y se renovaban cada vez que la seta se había llevado toda la sustancia.

Sin embargo, hoy en día la forma de cultivar ha cambiado, y las setas de ostra ya crecen encima de un compuesto artificial fabricado a partir de virutas, corteza, paja y otros materiales parecidos. Todo esto se tritura y se remoja, se añaden los correctores convenientes, se pasteuriza para eliminar todo tipo de parásitos y se ensaca en bolsas pequeñas, de 30 o 40 kilos. Una vez ya ensacado y con la semilla del hongo incorporada, se deja unos cuantos días en la sala de incubación a unos 30 grados. Después las bolsas se trasladan a las salas de producción, donde enseguida empezarán a despuntar las setas por unos agujeros hechos expresamente en varios puntos de la bolsa.

Valores culinarios

3

Buen comestible, tiene una carne un poco coriácea que permite cocerla bien manteniendo su textura. Al ser una seta que se cultiva, podemos encontrarla en el mercado todo el año. Hay quien se come las setas de ostra a la brasa, y también con pescado, con carne y con ensalada.

Liófilo agregado
Lyophillum spp.

Identificación

1 Los liófilos agregados son setas que crecen siempre en grupo, formando ramos de setas que salen de un tronco común, de donde salen todos los pies. Su pie es largo en comparación con el sombrero, y es de un color entre gris y marrón. Como en otras setas parecidas, su pie no siempre va a parar al centro del sombrero, sino que más bien lo soporta desde un lateral. El sombrero, pequeño, es redondeado cuando la seta es joven, pero se va abriendo con la edad. El color la parte superior del sombrero presenta varios tonos de grises y marrones, al igual que el pie, que suele ser de tonos más claros. Su libro, en cambio, es blanco en el liófilo agregado y más o menos oscuro en otras especies muy parecidas. Su carne, blanquecina y un poco elástica, desprende un olor delicado y tiene un sabor suave y dulce. Crece en otoño cerca de troncos enterrados, en cualquier tipo de bosque.

Valores culinarios

2 Buen comestible, es muy buscado por los expertos, puesto que con un solo grupo de liófilos agregados se pueden llenar unos cuantos platos. Los liófilos agregados están ricos a la brasa con ajo y perejil y un chorro de aceite de oliva, pero también se pueden comer guisados o enteros con aceite de oliva.

Políporo gigante
Meripillus giganteus

Identificación

1 Este es un auténtico gigante de nuestras setas, puesto que puede llegar a medir incluso un metro de diámetro, a pesar de que normalmente llega a un palmo como mucho. Es una seta consistente y gruesa, formada por un conjunto de sombreros en forma de abanico superpuestos unos encima de otros. Puede aparecer en varios tipos de árboles de hoja plana, como por ejemplo robles, encinas, olmos y castaños, pero sobre todo en las hayas, a menudo en la parte baja del tronco. Su pie es muy corto y origina todos los sombreros de una misma seta. La parte superior del sombrero varía entre varias tonalidades de canela y castaño que se oscurecen con el tiempo, con anillos concéntricos que marcan su crecimiento y una textura ligeramente rugosa, formada por unas escamas diminutas. La parte de debajo está ocupada por múltiples poros blanquecinos, muy pequeños, que se oscurecen enseguida al menor rasguño.

Valores culinarios

2 No es apreciado, pero más de un ejemplar tierno ha acabado en la cazuela confundido con el políporo del castaño.

Especies semejantes

3 Los jóvenes se podrían confundir con el apreciado políporo del castaño, que suele ser mucho más pequeño, tanto por el tamaño de las setas individuales como por el conjunto. Además del tamaño, el políporo del castaño tiene los poros mucho más grandes y es de color más grisáceo y apagado.

Políporo del castaño
Grifola frondosa

Identificación

1 Como todos sus parientes, crece en grupo en otoño en los troncos de los árboles, muchas veces en robles y castaños. Los políporos del castaño tienen un tronco grueso y duro de donde salen muchas ramificaciones, cada una de las cuales representa una seta, con un sombrero en forma de abanico de color entre marrón y grisáceo por encima y blanquecino por debajo y hacia el pie. A pesar del gran tamaño del conjunto, cada abanico en concreto es pequeño, de menos de cuatro dedos de diámetro.

Debajo del sombrero no hay ni láminas ni agujas, sino muchos poros blanquecinos, es decir, muchos agujeros pequeños que se van haciendo más grandes a medida que están más hacia los lados del pie. Su carne es frágil, pero tiene una estructura fibrosa y huele intensa y agradablemente. El conjunto puede llegar a medir medio metro de diámetro, pero los abanicos siempre son de pequeño tamaño. Se han encontrado algunos políporos de más de veinte kilos de peso, pero normalmente los buscadores de setas no las dejan crecer tanto.

Curiosidades

2 Los políporos del castaño son muy apreciados y por esta razón se trata de una seta poco abundante. Como suelen rebrotar cada año del mismo tronco, los expertos procuran recordar los tocones para recogerlos jóvenes, cuando su carne es más tierna y apreciada. Por esta razón la mayor parte de ellos nunca llegan a desarrollar todo su potencial de crecimiento.

Valores culinarios

3 Es una seta comestible apreciada en algunas zonas, sobre todo cuando es joven. También es una seta que conviene cocer bien antes de comerla.

Seta de chopo
Agrocybe aegerita

Identificación

1
Es una seta que crece en grupo sobre madera muerta de chopo, y también en otros árboles caducifolios a veces vivos, como los plátanos de las ciudades. Tiene la forma de seta convencional, con un sombrero de color variable entre blanquecino y color crema a veces bastante oscuro, sobre todo en los ejemplares más jóvenes. Su sombrero es redondo, de cuatro dedos de anchura, a menudo agrietado, más oscuro en el centro que en los bordes, soportado por un pie largo, centrado en medio del sombrero pero a menudo delgado y torcido, con un anillo membranoso y persistente, de color claro, en la parte media. Las láminas de la parte inferior del sombrero empiezan siendo blancas pero se oscurecen enseguida con el paso del tiempo. Es una seta abundante, que crece sobre la madera de chopos, sauces, higueras y otros árboles, siempre viejos o muertos, a veces en grupos muy numerosos, tanto en primavera como en otoño.

Curiosidades

2
Las setas de chopo se pueden cultivar artificialmente e incluso hay empresas que comercializan su micelio, como ocurre con las setas de ostra o los champiñones. De hecho, su cultivo sobre troncos viejos de chopo viene de muy antiguo.

Valores culinarios

3
Buen comestible, de carne sabrosa con sabor afrutado, a pesar de que es conveniente escoger solo los ejemplares más tiernos.

Tricoloma rutilante
Tricholomopsis rutilans

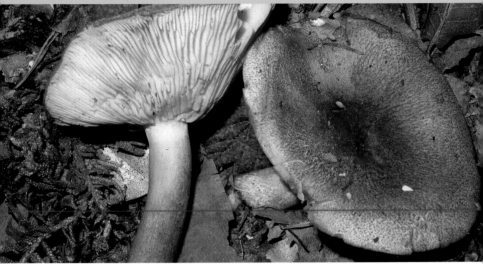

Identificación

1 De tamaño mediano, puede llegar a medir unos quince centímetros. Como todas las setas de su familia, crece en grupo a partir del tronco de un árbol, en este caso una conífera, formando ramos densos en los que las setas quedan apretadas unas contra otras, como si no tuvieran espacio para crecer. Es muy vistosa, al menos si nos fijamos en el color. Su sombrero está recubierto de muchas escamas diminutas de color púrpura que a veces llegan casi a esconder el color de fondo, que es amarillo. Su pie es valiente pero torcido, siempre serpentea un poco antes de llegar al centro del sombrero. El color del pie es amarillo dorado, decorado en la parte superior con las mismas escatas púrpura del sombrero, pero en mucha menos cantidad. Las láminas son finas, apretadas y de color amarillo y la carne de color claro, jugosa, que huele a florecido y sabor que empieza dulce pero acaba amargo.

Valores culinarios

2 No es comestible, más bien al contrario, tiene mal sabor y puede provocar indigestiones, a pesar de que hay autores que aseguran que se puede comer en según qué condiciones. Nada recomendable.

Seta de olivo
Omphalotus olearius

Identificación

1 En principio es fácil de identificar por su color anaranjado muy vistoso, que se oscurece con el tiempo, y porque crece en los troncos de los olivos y otros árboles de hoja plana, a veces incluso en el interior de los troncos vacíos de los árboles más viejos. Como muchas setas que crecen en los troncos, tienen el pie descentrado y suelen aparecer en pequeños grupos. Las láminas de la parte inferior del sombrero, muy numerosas, conservan el mismo color anaranjado de toda la seta y mueren despacio alargándose pie abajo. Su tamaño es mediano, miden diez o doce centímetros de diámetro como mucho.

Curiosidades

2 Nos encontramos ante una de las pocas setas bioluminiscentes, una calidad que pierden con la edad pero que es apreciable cuando las setas todavía son jóvenes. A oscuras, las láminas de las setas de olivo recién cogidas emiten una tenue fosforescencia visible si nos esperamos unos minutos con la seta dentro de una habitación absolutamente oscura. No es espectacular, pero no deja de ser una característica muy especial.

Valores culinarios

3 Tóxica, provoca graves transtornos gastrointestinales al poco de la ingestión, que incluyen vómitos, dolores de barriga y diarreas. Conviene no confundirla con el rebozuelo, que es de color más amarillo que naranja y no crece sobre los troncos de los árboles. Sin embargo, hay setas de olivo más amarillentas que otras y de vez en cuando se dan casos de intoxicación originadas por la confusión con un rebozuelo.

Pie de rata
Ramaria spp.

Identificación

1
Los pies de rata como grupo son muy fáciles de reconocer por su fisionomía única, con muchas ramificaciones que recuerdan un trocito de coral de color amarillo. Sin embargo, esto es engañoso, pues bajo el nombre genérico de pie de rata se reúne una multitud de setas muy parecidas y a veces muy difíciles de identificar personalmente, hasta el punto de que esta es una familia complicada incluso para los propios micólogos profesionales.

Su color de base es amarillento, a veces casi blanco o subido hasta anaranjado o salmón. La estructura básica consta de un pie muy corto o inexistente que soporta el cuerpo de la seta, formado por un conjunto de ramas que se bifurcan una y otra vez en dirección al cielo. En el tronco, los pies de rata tienen una carne fibrosa y consistente, pero a medida que nos acercamos a las puntas se vuelve más frágil y quebradiza, hasta el punto de que es difícil transportarlos sin romper alguna de las puntas.

Curiosidades

2
El nombre científico *Ramaria* que los científicos impusieron a este conjunto de setas tiene su origen en el latín *ramus*, que significa 'rama', en referencia a la forma ramificada característica de este grupo.

Valores culinarios

3
En general deben tratarse con precaución, puesto que parece que todos son más bien purgantes. Hay pies de rata tóxicos y otros comestibles conocidos que podemos encontrar incluso en el mercado. En general, se dice que cualquier pie de rata que crezca directamente sobre un tronco no es comestible, pero en todo caso, ante cualquier duda, es mejor dejar estas setas para los expertos, puesto que identificarlos bien no es nada sencillo. *Ramaria aurea* y *Ramaria botrytis* se pueden comer crudos, dejándolos macerar con vinagre y hierbas aromáticas.

Especies semejantes

4
Ramaria aurea, arriba, es una de les especies comestibles. Tiene una carne blanquecina de sabor algo dulce. Se reconoce por la base del pie de color blanco, con ramificaciones amarillas, cortas y apretadas, que se acaban en dos dientes pequeños. Es muy semejante a la ramaria elegante (*Ramaria formosa*) y por esta razón no recomendamos cosechar pies de rata salvo que sea bajo la supervisión de un experto. La *Ramaria botrytis*, también comestible (en el centro, a la derecha), es una de las pocas especies del grupo fáciles de identificar por sus puntas de color de vino. En cambio, la clavaria cenicienta (*Clavulina cinerea*), en el centro a la izquierda, no es apreciada en la cocina.

Seta coliflor
Sparassis crispa

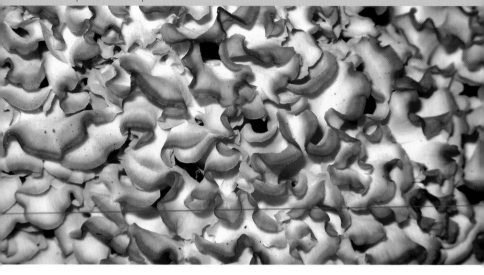

Identificación

1

La familia de los pies de rata es muy extensa y la vistosa seta coliflor es una de las pocas que es fácil de identificar, por su gran talla que le da nombre. Crece como una gran masa redondeada que recuerda más a una coliflor que una seta y puede llegar a medir un palmo de altura y dos de diámetro. Sus ramificaciones son muy características (ver el detalle de la fotografía), puesto que, en vez de ser arborescentes, son aplanadas y curvadas, retorcidas, y pequeñas, sin salir del cuerpo de la seta. Toda al seta es de color blanquecino o amarillento, tirando a crema, y con el tiempo se va oscureciendo hasta adquirir un color tostado. Aparece en otoño en bosques de pinos, a menudo cerca de los troncos de los árboles viejos.

Curiosidades

2

Muy abundante en algunas zonas de Galicia, en Cataluña en cambio es una seta muy rara.

Valores culinarios

3

Comestible, pero en general poco apreciado, a pesar de que en algunas zonas del Pirineo de Lérida y del Pirineo francés lo valoran hasta compararlo con las colmenillas, hasta el punto de que se conoce como *murga* en catalán y *morille des pins* en francés. Tiene una carne blanca, elástica y aromática, más dura y leñosa en la base, de sabor suave, como de frutos secos. Conviene consumir solo los ejemplares jóvenes, o en todo caso elegir las zonas más tiernas de los ejemplares viejos.

Barba de cabra
Hericium erinaceus

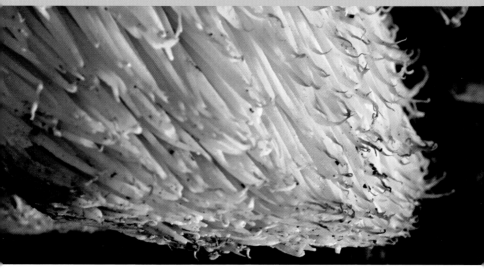

Identificación

1 Otra seta grande, de forma general redondeada, que en este caso crece sobre la madera de robles viejos, pero a veces también sobre otros árboles caducifolios como por ejemplo hayas, nogales e incluso plátanos de las calles, a menudo a bastante distancia del suelo. Es una bola carnosa de hasta veinte centímetros de diámetro cubierta por muchas agujas frágiles, de hasta cinco o seis centímetros, que cuelgan hacia abajo como una cascada, de forma que el conjunto adquiere un aspecto muy vistoso. Al principio es de color blanco, pero con el tiempo se va ensuciando y coge tonos amarillentos, que tienden a anaranjado en las puntas de las agujas.

Curiosidades

2 La barba de cabra es un ingrediente habitual de la medicina tradicional china, que le atribuye efectos antioxidantes y la capacidad de regular el nivel de grasas y de glucosa en la sangre. También ha sido utilizada en tratamientos contra el cáncer de esófago y de estómago.

Valores culinarios

3 Su carne es blanca y muy comestible, sobre todo cuando la seta todavía es tierna, con textura de marisco, pero poco apreciada en nuestro país seguramente por la escasez de esta seta. Aparece en otoño.

Mano de mortero
Clavariadelphus pistillaris

Identificación

1 Fácil de reconocer. Se trata de una seta de la familia de los pies de rata que, como bien dice su nombre, tiene una forma de mano de mortero que lo hace inconfundible. Es una seta de tamaño mediano, que suele medir alrededor de medio palmo, alta y delgada y muy estrecha, sobre todo en la base. Cuando nace presenta una forma cilíndrica que se va ensanchando poco a poco, hasta que en la parte superior acaba con una forma redondeada que recuerda una porra. Esta fisionomía particular hace que sea imposible diferenciar donde empieza el pie y dónde acaba el cuerpo de la seta. Es de color amarillo uniforme, más claro en la base del pie. Los jóvenes tienen un tono amarillo limón que se va ensuciando y oscureciendo con el tiempo. La superficie del cuerpo puede ser más o menos lisa o estar surcada de arriba abajo por marcas longitudinales más o menos profundas. La mano de mortero tiene una carne blanquecina que se oscurece en contacto con el aire. Es una seta de otoño que sale a veces en pequeños grupos, a menudo en bosques de hoja caduca.

Valores culinarios

2 Poco apreciada porque tiene una carne un poco amarga que la hace poco recomendable. Hay quien la consume, muy cocida y desechando el agua de la cocción, pero por el resultado que da no vale la pena perder el tiempo.

Clavaria truncada
Clavariadelphus truncatus

Identificación

1

Inconfundible, la clavaria truncada es una seta larga y delgada (de unos diez o quince centímetros de altura), de color más o menos amarillo a veces con alguna tendencia a tonos violados en la zona del pie. Toda la superficie de la seta suele aparecer surcada y doblada irregularmente. Crece en los bosques de pinos, de finales de verano a otoño.

Curiosidades

2

La clavaria truncada empieza delgada en la base y se va ensanchando a medida que subimos a la parte más alta de la seta, pero en vez de acabar con la típica forma de porra de la mano de mortero, queda descabezada de golpe, como si la hubiéramos cortado con un cuchillo.

Valores culinarios

3

A diferencia de la mano de mortero, que tiene un gusto amargo, la clavaria truncada tiene una carne más blanda, blanquecina, de sabor algo dulce y se considera comestible, aunque es poco apreciada y la recoge muy poca gente.

Falso rebozuelo
Hygrophoropsis aurantiaca

Identificación

1   Seta pequeña y frágil, con forma de embudo, que no suele pasar de los cuatro dedos de altura, muy vistosa, de un color anaranjado vivo o amarillo dorado que pinta toda la seta. Las láminas son delgadas y apretadas, a menudo se bifurcan en su camino hacia el pie y son decurrentes, es decir, se alargan un poco por el pie. Su pie es más bien largo y un poco torcido y a menudo desemboca a un lado del sombrero. Lo encontraremos en pequeños grupos sobre troncos o restos vegetales a veces medio enterrados, a menudo en bosques mixtos, especialmente de pinos.

Valores culinarios

2   Algunos autores lo consideran comestible e incluso se le han atribuido poderes alucinógenos, pero lo mejor que podemos hacer es rechazar esta seta si lo que queremos es comer bien.

Especies semejantes

3   Hay que ir con mucho cuidado para no confundirlo con el rebozuelo, normalmente más grande y carnoso y de color más amarillento, no tan anaranjado. El libro del falso rebozuelo, además, presenta láminas típicas que se rompen con el tacto, mientras que el rebozuelo auténtico tiene un libro formado por falsas láminas, que en realidad son pequeños pliegues formados a partir de la misma piel estrujada. También se puede confundir con la seta de olivo, también más grande y carnosa, de la cual es un pariente cercano, pero esta sale siempre directamente del tronco de los olivos y otros árboles, nunca directamente del suelo como el falso rebozuelo y el rebozuelo.

Rebozuelo
Cantharellus cibarius

Identificación

1   De color amarillo intenso, tanto el pie como las láminas y el sombrero, a veces más blanquecino y a veces un poco anaranjado. Cuando es joven tiene un sombrero bastante plano y carnoso, enroscado hacia abajo por el borde, pero con el tiempo los bordes se levantan, y la seta adopta forma de embudo. Su pie es firme, lleno por dentro, y se ensancha a medida que se acerca al sombrero hasta el punto de que es difícil distinguir dónde empieza uno y dónde acaba el otro. Más que láminas, los rebozuelos tienen muchos pliegues debajo del sombrero, que corresponden a la misma piel estrujada, y que se extienden por el pie. Es una seta temprana que aparece tanto en primavera como en otoño, a veces en bosques caducifolios y también de coníferas, y a menudo en grupo.

Valores culinarios

2   Muy apreciado, el rebozuelo tiene una carne dura y fibrosa que pide una buena cocción, pero que no se carcome fácilmente, y en la cocina permite muchas y variadas combinaciones. Su sombrero tiene una carne frágil y aromática, que se rompe enseguida por los bordes y muestra un color blanco o amarillento. El pie, en cambio, es más coriáceo. Cortados a láminas, los podemos dejar secar, y aceptan también cualquier otro tipo de conserva.

Especies semejantes

3   Se parece un poco a la seta de olivo, de color más anaranjado, que crece en grupos en los troncos de los olivos, y que es una seta tóxica con la que hay que ir con mucho cuidado. También al falso rebozuelo, pero en este caso la confusión no es tan peligrosa.

Rebozuelo anaranjado
Cantharellus lutescens

Identificación

1

Seta pequeña y frágil, que recuerda una réplica en pequeño del rebozuelo. Tiene un pie delgado y delicado, de color paja, vacío por dentro, que se ensancha hacia arriba hasta fundirse con el comienzo del sombrero. Al igual que los rebozuelos, tiene pliegos en la piel en lugar de auténticas láminas, del mismo color del pie. Su sombrero es delgado y frágil, más o menos redondeado, con los márgenes más delgados que se retuercen un poco hacia abajo. En su parte superior, eso sí, el color es mucho más oscuro. Crecen en grupos numerosos, a menudo ocultos entre la vegetación. Su pie es tan largo y delgado que se sostienen en parte gracias al musgo y a la materia orgánica que los rodea. Crecen en los pinares, desde otoño hasta que llega el invierno.

Curiosidades

2

Para muchos expertos son setas de segunda categoría. Tienen buen sabor y son fáciles de encontrar, pero, como son pequeños, hace falta mucha paciencia para ir recogiéndolos uno a uno. A menudo son la mejor opción para no volver el cesto vacío cuando los otros objetivos han fracasado.

Valores culinarios

3

Comestible apreciado. Se pueden comer fritos con ajo y perejil o cocinados para acompañar guisos. Los podemos conservar secándolos en un lugar aireado, y rehidratándolos con agua cuando los queramos cocinar.

Especies semejantes

4

El rebozuelo atrompetado (*Cantharellus tubaeformis*), de pie muy largo y libro oscuro, que contrasta con el color amarillo del pie, tiene los mismos valores culinarios y pasa a menudo confundido en medio de los rebozuelos anaranjados.

Trompeta de los muertos
Craterellus cornucopioides

Identificación

1 Seta curiosa, que como indica su nombre tiene forma de trompeta, de forma que es difícil diferenciar dónde acaba el pie y dónde empieza el sombrero. Es de tamaño pequeño, más alto que ancho. El pie sale del suelo como un tubo que se va ensanchando a medida que sube hasta que se abre hacia fuera y se vuelve a retorcer hacia abajo, y forma el sombrero. Su color exterior es gris ceniza, a veces con cierto tono azulado. Por dentro, en cambio, es más oscuro. Su textura exterior es fina, un poco arrugada cuando crece, y escamosa por dentro. La seta tiene poca carne, delicada y frágil, también de color grisáceo, que huele bien. Es una seta de verano y otoño, que crece en grupo en lugares frescos.

Curiosidades

2 El nombre de trompeta de los muertos lo encontraremos, además de en castellano, en francés, en italiano y en alemán. Siendo como es una seta comestible y apreciada, quizás hay que buscar el origen de este nombre tan fúnebre en su coloración.

Valores culinarios

3 Buen comestible, las trompetas de los muertos no se carcomen y además se conservan muy bien secadas. Se usan para dar sabor a las comidas, a menudo secadas y muy ralladas o bien cortadas en trozos pequeños. Hay quien la denomina *trufa de pobre*.

Oronja verde
Amanita phalloides

Identificación

1 Cuando es pequeña, parece un huevo envuelto en una vaina membranosa de color blanco. A medida que crece, la vaina se abre por arriba, empujada por el sombrero que sube, y se queda para siempre envolviendo la base del pie. Al principio, el sombrero tiene forma de semiesfera, pero se va abriendo con la edad hasta casi aplanarse. Su pie es más bien largo, recto y proporcionado, decorado con un anillo entre la vaina y el sombrero, restos de un antiguo velo protector del libro. En setas muy jóvenes, este velo todavía se puede ver protegiendo la parte interior del sombrero; entonces el libro no es visible. Encima del sombrero, de vez en cuando, se puede encontrar algún trozo de velo blanco enganchado, resto de la vaina protectora que cubre toda la seta cuando es joven. El color del pie, el anillo y las láminas del libro es blanco, y el conjunto de esporas también es blanco. La parte superior del sombrero es normalmente verde oliva, más oscuro en la parte central, a pesar de que a veces tiende a un tono marrón o bien se decolora hasta ser bastante blanquecino, sobre todo en bosques muy húmedos. La oronja verde es una seta abundante en bosques de hoja caduca, como por ejemplo los robledos. Crece en grandes setales, que se extienden a veces muchos metros y suelen florecer cada año.

Curiosidades

2 Esta es la seta que hay que conocer mejor, puesto que la mayor parte de las intoxicaciones mortales por ingestión de setas en nuestro país son producidas por la oronja verde. Su veneno, la amanitina, es muy potente, veinte veces más que el cianuro. Por lo tanto, esta seta es la primera que hay que aprender a reconocer.

Valores culinarios

3 Mortal. Su potente veneno no se descompone con la cocción ni tampoco confitándola, y tiene un efecto nefasto sobre las personas, que quedan afectadas sobre todo del hígado. Por los testigos que han comido, sabemos que no sabe mal.

Especies semejantes

4 La oronja verde tiene tantos rasgos distintivos que parece difícil de confundir, pero el hecho de que cada año haya intoxicaciones nos dice todo lo contrario. Conviene tener en cuenta que en según que condiciones las oronjas pueden palidecer hasta tomar tonos muy claros. El anillo que decora el sombrero es muy frágil y también puede desaparecer. Parece que algunas de las intoxicaciones mortales han sido por confusión con el higróforo blanco.

Oronja
Amanita caesarea

Identificación

1
Tiene la forma típica de la familia de las amanitas, es decir, una vaina membranosa en la base del pie y un anillo en su parte media. El sombrero es típicamente anaranjado como la yema de un huevo. Por encima, a veces, hay restos del velo blanco que envuelve toda la seta cuando es joven, pero suelen ser más bien pocas manchas grandes de diseño irregular en vez de ser un grupo abundante de manchitas iguales. El color de la carne es de un blanco-amarillento, y desprende un olor muy agradable. Crecen en bosques abiertos, a menudo de robles y castaños, y suelen aparecer solitarios, a veces muy visibles junto a caminos o en los claros del bosque.

Curiosidades

2
Las oronjas pequeñas, que todavía no están abiertas del todo y que permanecen envueltas por la vaina blanquecina, son conocidas popularmente como oronjas jóvenes. Hay quien las recoge igualmente y las hacen crecer poniéndolas en un vaso con un poco de agua. En un par de días han duplicado su tamaño inicial.

Valores culinarios

3
Excelente, a pesar de que esta es la única seta comestible apreciada dentro de una familia compuesta por las setas más venenosas. Hay gente que considera la oronja como la seta más fina de todas. Está muy rica a la brasa con ajo y perejil y un poco de sal, y también se puede comer cruda cortada a trocitos con la ensalada. Ya en tiempo de los romanos eran muy apreciadas por los gobernantes, lo que originó su nombre científico, *Amanita caesarea*, que significa 'seta de los césares'. Hay mucha gente que no la recoge por miedo a confundirse con otros parientes venenosos de la misma familia, especialmente con la falsa oronja.

Especies semejantes

4
La oronja se asemeja bastante a una falsa oronja, algo más pequeña, pero ambas especies se pueden diferenciar fácilmente a partir del color del pie, del anillo y del libro, que es amarillo dorado pálido en la oronja y blanco en la falsa oronja. En ambas especies, por encima del sombrero, pueden haber restos de un velo blanco. En la oronja no permanecen siempre, y, en todo caso, son trozos grandes e irregulares. En la falsa oronja, en cambio, el sombrero está decorado con muchas manchitas blancas, como de papel, que corresponden a los restos de esta vaina protectora. Además, la parte superior del sombrero de la oronja es anaranjada y, en cambio, en la falsa oronja es de un color rojo intenso.

Falsa oronja
Amanita muscaria

Identificación

1   Es la típica seta de los cuentos, grande, con un pie cilíndrico y robusto que lleva una vaina blanquecina que le envuelve la base y un anillo muy visible bastante cerca del sombrero, que cuando es pequeño es casi esférico, pero a medida que crece se abre y se va allanando. La vaina, el pie, el anillo y el libro son blancos. Pero, en cambio, la parte superior del sombrero es de color rojo muy intenso, adornado muy a menudo con muchas manchas blancas, restos del antiguo velo que lo cubría cuando era joven.

Curiosidades

2   Posiblemente estamos hablando de uno de los primeros alucinógenos utilizados por el hombre. Aparte del malestar que puede producir su ingestión, los efectos de esta seta incluyen una sensación de euforia y de tener mucha fuerza, mezclada con la aparición de lucecillas y la audición de voces lejanas, que antes se interpretaban como los espíritus de la seta que se apoderaban por unas horas de la mente de quien se los había comido. Hoy en día, estos "espíritus de las setas" todavía viven en los cuentos infantiles, rebautizados como duendes o pitufos.

Valores culinarios

3   No es comestible, al contrario, su ingestión puede provocar dolor de barriga, malestar general e incluso sensaciones de delirio, aturdimiento y visión distorsionada durante un tiempo. Su carne es blanca o amarillenta, no desprende ningún olor característico y tiene un sabor algo dulce.

Pantera
Amanita pantherina

Identificación

1

Este es otro representante típico del grupo de las amanitas. Como todas las setas de esta familia, nace envuelto dentro de una vaina blanquecina que después se abre por arriba y deja salir la seta. A medida que crece, la forma esférica del sombrero joven se va abriendo y aplanando. Su pie es largo y carnoso, al principio macizo, pero con el tiempo queda vacío por dentro. El anillo está situado casi a medio pie, pero no es tan vistoso como en otras amanitas. Tanto la vaina como el pie, el anillo y las láminas son de color blanco. El sombrero, visto por encima, en cambio, tiene un color castaño oscuro, siempre salpicado de muchas manchas blancas, restos del antiguo velo que cubría toda la seta en su inicio, de forma que el diseño recuerda la falsa oronja, pero con el color de fondo diferente y un tamaño más reducido. Crece en otoño, en varios tipos de bosque.

Curiosidades

2

El nombre científico de *Amanita*, que comparte todo el grupo de setas, viene del griego, y se refiere a una montaña llamada Amanos, situada en Siria, donde parece que las setas eran abundantes. Por otro lado, *pantherina* hace referencia al diseño manchado del sombrero, que recuerda la piel de una pantera, de ahí su nombre.

Valores culinarios

3

Tóxica. Su carne, blanca, no tiene mucho sabor, y cuando es vieja más bien huele mal.

Especies semejantes

4

La oronja vinosa (*Amanita rubescens*) también tiene volva y anillo, pero tiene tonos más claros y su carne enrojece al magullarla.

Oronja limón
Amanita citrina

Identificación

1　Seta pequeña que no sobrepasa los 12 centímetros de altura, de color blanquecino o amarillento. Tiene todas las características típicas de la mayor parte de las amanitas: la base del pie está envuelta por una vaina membranosa muy patente; en su parte alta, el pie está decorado por un delicado anillo membranoso; y el sombrero está salpicado con manchitas blancas que corresponden a trozos del velo que envuelve toda la seta cuando es muy joven. Su color es blanco o amarillento. Esta característica, junto con su tamaño, hace que esta seta se pueda confundir fácilmente con la oronja verde. Pero la oronja limón tiene unos tonos mucho más suaves, y los trozos de velo de la parte superior del sombrero son numerosos y muy repartidos. Crecen en otoño, ya sea en los pinares o en los bosques caducifolios.

Curiosidades

2　El color limón de esta seta inspiró a los científicos para bautizarla. De aquí viene *Amanita citrina*.

Valores culinarios

3　Teóricamente es comestible pero no es nada apreciada. Su carne, blanquecina o amarillenta, huele a patata cruda. No es nada recomendable recogerlo para evitar la confusión con la mortal oronja verde (*Amanita phalloides*), demasiado parecida.

Especies semejantes

4　Un principiante la puede confundir fácilmente con la oronja verde. Pero la oronja limón suele ser más pequeña, de tonos más suaves, más amarillentos que verdosos, y los trocitos de velo que decoran el sombrero son numerosos y muy repartidos.

Amanita blanca
Amanita ovoidea

Identificación

1 Una seta espectacular, grande y carnosa, que puede llegar a medir casi un palmo de diámetro y que incorpora las dos características más típicas de las amanitas: una volva muy vistosa que rodea el pie y un anillo membranoso muy patente que parece salir de debajo del sombrero y decora la parte superior del pie como una pequeña falda con faralaes. El sombrero, además, está decorado con un flequillo de copos harinosos que cuelgan del borde y que le dan un aspecto muy particular. Con el tiempo, el color blanco puro de la juventud va amarilleando, el flequillo que decora el sombrero desaparece y, finalmente, la seta se encoge y se pudre. No la busquéis en la montaña, es una seta de tierras bajas que aparece en verano y en otoño en encinares y bosques mixtos.

Valores culinarios

2 Es comestible de calidad mediocre. Su carne, abundante, tiene un sabor muy suave y un olor que recuerda el cloro o la lejía. No lo recomendamos por la posibilidad de confundirlo con otras amanitas blancas mortales, como la cicuta blanca.

Especies semejantes

3 También de color blanco pero de complexión mucho más sencilla tenemos la cicuta blanca (*Amanita verna*), otra amanita mortal, si bien no suele producir tantas intoxicaciones como la oronja verde porque es una seta de primavera, y por este tiempo no hay tantos buscadores de setas. Vive en bosques caducifolios, sobre todo robledos, sobre terrenos calcáreos.

Oronja vinosa
Amanita rubescens

Identificación

1 Representante poco conocido de la familia de las amanitas, la oronja vinosa es parecida a la pantera, pero se puede diferenciar fácilmente porque, al golpearle el pie o las láminas, enrojece enseguida. En este caso, la vaina de la base del pie típica de la familia casi ha desaparecido, y ha dado lugar a un pie engrosado, como una mano de mortero, que lleva un anillo vistoso y estriado. Su sombrero es redondeado cuando es joven, pero se va ensanchando con el tiempo; primero adquiere una forma de paraguas y después se vuelve casi plano. El pie, el anillo y las láminas son de color blanco sucio, pero se enrojecen muy fácilmente por poco que lo golpeamos. El sombrero es parduzco, recubierto de muchas verrugas grisáceas, restos del velo que cubre todas las amanitas cuando son jóvenes. Es grande, y crece en todo tipo de bosques, desde la primavera hasta el otoño.

Curiosidades

2 Esta seta es conocida en muchos idiomas por la tendencia que tiene a enrojecerse enseguida cuando sufre una pequeña herida, y también al cortarla. En catalán también es conocida como *vinosa*, y su apellido científico, *rubescens*, hace referencia a esta cualidad.

Valores culinarios

3 Comestible, a pesar de que se tiene que andar con mucho cuidado, para no confundirla con la pantera, muy tóxica. Y, además, también es tóxica si no se come muy cocida. Por esta razón no es nada recomendable. Su carne blanquecina enrojece en contacto con el aire y es dulce si la seta es joven. Los ejemplares viejos tienen un sabor más ácido.

Pimpinela
Amanita vaginata

Identificación

1

La pimpinela es una seta de tamaño mediano, que no suele sobrepasar los diez centímetros de diámetro. Tiene un pie largo que adelgaza a medida que se acerca al sombrero, y una volva blanquecina muy vistosa en la base del pie. No tiene anillo visible, siendo en este aspecto la excepción en la familia de las amanitas. El pie y el libro son de color blanco sucio. El color del sombrero, en cambio, es muy variable: muchas pimpinelas son de color gris plomo, pero también podemos encontrar algunas blanquecinas e incluso hay otras que son amarillentas o anaranjadas. Todas tienen, eso sí, el margen del sombrero decorado con muchas pequeñas marcas verticales, paralelas, como si la hubieran señalado pasándole el peine. Los ejemplares jóvenes, como el de la parte superior de la fotografía, pueden tener el sombrero cubierto totalmente o parcialmente por una vaina protectora de color blanquecino. Es una seta común que podemos encontrar en zonas abiertas o bien en medio del bosque.

Valores culinarios

2

Tiene una carne blanca y quebradiza, poco abundante, de sabor algo dulce. Comestible si está muy cocida, pero nada recomendable para un inexperto, puesto que se asemeja demasiado a otras amanitas tóxicas e incluso mortales, como la propia cicuta blanca, sobre todo teniendo en cuenta que el anillo de estas setas se desprende fácilmente.

Parasol
Macrolepiota procera

Identificación

1

El parasol es, dentro de las setas de forma típica con pie y sombrero, una de los más grandes de la península ibérica. Tiene un pie de considerable altura, a veces más de un palmo, con muchas manchas pardas y un anillo doble muy patente que se puede deslizar arriba y abajo del pie sin romperlo. Al principio, la seta crece en altura y el pie se estira mucho antes de que el sombrero se abra, de forma que el conjunto coge la forma de un tipo de mano de mortero o, aún más, de un micrófono (fotografía central). Después, el sombrero se abre como un paraguas hasta aplanarse, quedando solo un pequeño bulto central, y toma la forma típica de parasol (arriba). El pie y la parte superior del sombrero son de un color blanco sucio, con grandes escamas pardas dispersas por todas partes. Las láminas son blancas, delgadas y anchas, y oscurecen con la edad.

Valores culinarios

2

Comestible. La carne del sombrero es blanquecina, con olor agradable y sabor a frutos secos. El pie, en cambio, es correoso y rechazable. En Galicia y Andalucía es una seta muy apreciada, pero, en cambio, en Cataluña es poco valorada. Hay que elegir los ejemplares jóvenes y despreciar el pie correoso. También conviene comerla poco tiempo después de recogerla, puesto que su carne delicada se echa a perder muy deprisa. Hay quien se las come rebozadas con una pasta hecha con leche, huevo, harina blanca y sal. Se recomienda que, a la hora de coger parasoles, se cojan solo los ejemplares grandes y se rechacen los pequeños. Con esta precaución se evita el peligro de confusión con sus parientes tóxicos.

Especies semejantes

3

Hay unas cuantas especies de parasoles que se asemejan entre ellas. El parasol de carne roja (*Macrolepiota rhacodes*), abajo, es una versión reducida del parasol y también es comestible. La lepiota maloliente (*Lepiota cristata*) es una versión todavía más pequeña (el sombrero, muy manchado, alcanza unos cinco centímetros de diámetro) y, como bien dice su nombre, desprende un olor desagradable y es tóxica.

Lactario anaranjado
Lactarius volemus

Identificación

1   Una seta preciosa, con la forma del níscalo pero con todo el cuerpo de color anaranjado excepto las láminas, finas y apretadas, que son de color crema. Tiene un pie duro, valiente, macizo, del mismo color del sombrero, más oscuro en la base y algo más claro en la parte superior. Todo el sombrero tiene una textura aterciopelada, agradable al tacto. Empieza muy redondeado pero se va abriendo con el tiempo hasta tomar forma de embudo, como hacen los níscalos. De tamaño mediano a grande, puede llegar a medir medio palmo. Al herirlo un poco enseguida saca una leche blanca muy abundante, de sabor dulce. Lo encontraremos en lugares frescos, a menudo en bosques mixtos de robles y pinos.

Valores culinarios

2   Comestible aunque muy desconocido. Se puede cocinar a la brasa y también se puede conservar en vinagre. Tiene el inconveniente que se carcome fácilmente y además también se pasa enseguida, y desprende un olor típico de pescado o arenque que se acentúa a medida que pasan las horas después de haberlo recogido.

Especies semejantes

3   El lactario arrugado, que también saca mucha leche, no tiene un color naranja tan vivo, y crece en tierras más bajas, no tan húmedas.

Lactario arrugado
Lactarius rugatus

Identificación

1   Familiar de los robellones y los níscalos, el lactario arrugado es una seta poco conocida de tonos marrones o anaranjados, de tacto seco, un poco aterciopelado, con un pie carnoso como de níscalo. Cuando es pequeño tiene el sombrero redondeado y después adopta un poco la forma de embudo. Su pie es de color parecido al sombrero, pero las láminas del libro, finas y apretadas, son de un color claro, amarillento. La carne de esta seta es blanca, pero se desmenuza fácilmente y oscurece en contacto con el aire. La leche, muy abundante, es blanquecina y dulce. Los lactarios arrugados crecen en verano y en otoño en bosques muy variados.

Curiosidades

2   Esta seta es, de toda su familia, la que se identifica mejor con su nombre científico, *Lactarius*, que en latín quiere decir 'que lleva leche', por la cantidad que pierde si se le hiere solo un poco el sombrero.

Valores culinarios

3   Es buen comestible, pero no es muy conocido, y solo lo recoge la gente que lo conoce muy bien, que acostumbra a cocinarlos a la brasa como los níscalos. También hay quien lo come crudo, confitado en vinagre. Tiene el inconveniente que se carcome enseguida y no se puede guardar mucho tiempo una vez se ha recogido.

Níscalo
Lactarius deliciosus

Identificación

1 Seta de cuerpo anaranjado, con pie carnoso y algo más estrecho en la base. Cuando nace, el sombrero empieza siendo muy redondo y enroscado hacia abajo, y coge una forma típica de cazuelita, pero a medida que la seta crece el sombrero se estira y se abre hasta convertirse en un embudo más o menos cerrado. El pie, sin perder la tonalidad naranja general, suele tener manchas más oscuras, y la parte superior del sombrero también tiene anillos concéntricos de color naranja más subido. Al golpearlo un poco suelta una leche anaranjada, reluciente, que lo distingue de todas las otras setas de la misma familia. Normalmente son setas de tamaño mediano. Salen en otoño, necesariamente cerca de pinos y otros árboles de esta familia, puesto que su supervivencia depende de este tipo de árbol.

Curiosidades

2 Son con diferencia las setas más populares. Cada año se cosechan toneladas de níscalos que son comercializados en lugares muy diversos, desde la cuneta de la carretera hasta el mercado, las tiendas o los mayoristas que comercian con ellos al por mayor. La demanda es tan grande que es necesario importarlos para poder satisfacer a todo el mundo. Quizás por esto, algunas empresas especialistas en micología han sacado al mercado el único sistema conocido hasta ahora de producir níscalos en el lugar donde se quiera, aunque sea en poca cantidad. Para ello ofrecen vástagos de varias especies de pinos que previamente han sido inoculados con el micelio del hongo, de forma que podríamos decir que llevan la semilla del setal incorporada. Hay que trasplantarlos con mucho cuidado y plantarlos en terrenos nada abonados. Si todo funciona como está previsto, al cabo de tres a seis años ya pueden empezar a salir setas. La producción estimada está sobre el medio kilo por pino y año.

Valores culinarios

3 Buen comestible, a pesar de que los gastrónomos no lo consideran el mejor. Una de las mejores formas de cocinarlos es a la brasa con ajo y perejil. Guisados, como acompañamiento de cazuelas de carne, también son buenos, pero pierden gran parte del sabor. Su carne, granulosa, es de color claro al cortarla pero se vuelve de color verde al poco tiempo. En la cocina es la seta más popular, incluso por quien tiene pocos conocimientos en el mundo de las setas. Se pueden confitar fácilmente con sal.

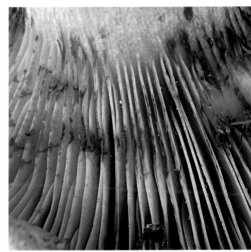

Robellón
Lactarius sanguifluus

Identificación

1 El robellón es una seta fácil de reconocer. De la misma familia que el níscalo, tienen una forma y un diseño muy parecidos. Su pie es más bien corto y pequeño, vacío por dentro y quebradizo. El sombrero suele ser más irregular que el del níscalo, y tiene más tendencia a abrirse hacia fuera y perder la forma de cazuelita típica de los níscalos jóvenes. El color de la parte superior del sombrero es más variable y va desde tonos ocres claros hasta óxido. A menudo toman tonos verdosos, con grandes manchas que ocupan a veces casi toda la parte superior del sombrero, entonces se confunden con la hojarasca y el musgo del sotobosque y son muy difíciles de encontrar. El libro y el pie suelen ser más oscuros que el sombrero, de un color entre naranja y morado. Cualquier parte de la seta, al ser magullada, desprende una leche o látex de color rojo muy oscuro, que lo diferencia del níscalo, que tiene un látex de color naranja. Con el tiempo, las heridas se vuelven de color verde. Igual que los níscalos, los robellones son setas que necesitan la presencia de pinos u otras coníferas para subsistir, y por esta razón solo aparecen cerca de estos árboles.

Curiosidades

2 Se trata de una de las setas más conocidas. Tanto los robellones como los níscalos están infectados, a veces, por un hongo parásito, y entonces son conocidos como robellonas o níscalas (fotos centrales). Las setas parasitadas son fáciles de identificar porque pierden las láminas y en el lugar del libro aparece una superficie lisa y blanquecina, que en realidad es el cuerpo del hongo parásito. Las setas reaccionan endureciendo bastante su carne y retorciéndose hasta coger formas extrañas que se alejan del diseño habitual de la especie.

Valores culinarios

3 Excelente, es una de las setas más buscadas en Cataluña, junto con el níscalo. Estas dos setas a menudo se comen mezcladas, ya sea a la brasa con ajo y perejil o como acompañamiento de guisados. Para muchos expertos, los robellones son mejores que los níscalos, pero los auténticos *gourmets* dejan ambas setas bastante por debajo de otras delicadezas como por ejemplo la oronja o el hongo calabaza.

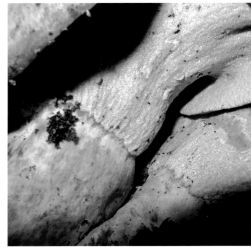

Lactario de leche dorada
Lactarius chrysorrheus

Identificación

1 Se asemeja mucho a un níscalo un poco decolorado, pero diferenciarlo es fácil: solo hay que romper un trozo o magullar un poco las láminas del libro para ver que el líquido que desprende no es naranja ni rojo, sino que tiene un tono blanco-amarillento. Además del color de la leche, reconoceremos esta seta por los anillos concéntricos más oscuros muy visibles encima del sombrero, la complexión más sencilla y el pie algo más delgado. Sale en otoño en bosques mixtos y de árboles de hoja plana, como las encinas y los robles.

Curiosidades

2 Es una seta muy abundante responsable de muchas confusiones con níscalos y robellones. Es fácil encontrarlos arrancados o trinchados por buscadores que creyeron haber encontrado un níscalo y en el último momento se han dado cuenta del fallo.

Valores culinarios

3 Nada bueno. Los lactarios de leche dorada son picantes y desagradecidos y no se consideran comestibles. Aun así, hay quien dice que se pueden comer crudos, macerados en vinagre hasta que pierden el picante. No los recomendamos.

Especies semejantes

4 Hay varias especies de *Lactarius* que tienen leche blanca o amarillenta. Algunas, como el lactario arrugado (*Lactarius rugatus*), son comestibles y muy apreciados en algunos lugares. Pero otros también tienen la leche picante y amarga, y no son comestibles. Recomendamos no recoger ningún lactario con leche blanca o amarillenta si no estamos muy seguros de lo que hacemos.

Lactario zonado
Lactarius zonarius

Identificación

1   Otro pariente de los níscalos, grande y carnoso, que cuando es joven tiene forma de cazuelita pero con el tiempo se abre y toma forma de embudo, como tantas setas de esta familia. Tiene un pie corto, carnoso y macizo, de color más claro que el sombrero. Las láminas del sombrero son delgadas y apretadas, de color blanquecino o amarillento, y el sombrero también mantiene estos tonos pero un poco oscurecidos. Como sus parientes del género *Lactarius*, también es una seta lechosa, y en este caso tanto la leche como la carne son blancas. También aparecen en otoño.

Curiosidades

2   El nombre popular de esta seta hace referencia a su similitud con los níscalos, que a primera vista puede engañar si no nos fijamos bien. Aun así, al igual que en el lactario de leche dorada, el color de la leche es definitivo, y este detalle es suficiente para reconocer los auténticos robellones y níscalos.

Valores culinarios

3   No es comestible. Su carne, que desprende poco olor, tiene un sabor picante que no deja ganas de repetir.

Especies semejantes

4   El grupo de setas del género *Lactarius* incluye muchas especies que tienen en común la presencia de un látex o leche abundante que aparece enseguida que la seta recibe un golpe o una herida. Algunos como *Lactarius blennius* tienen leche blanca y picante, no son apreciados y se asemejan al lactario zonado. *Lactarius salmonicolor*, de leche de color naranja intenso, es buen comestible y a menudo entra en la cocina con pasaporte de níscalo.

Lactario aterciopelado
Lactarius vellereus

Identificación

1
Se trata de una seta gorda y robusta. Su pie, en comparación, no es muy gordo, pero el sombrero, en cambio, es bastante amplio. Es una seta fácil de reconocer si tenemos en cuenta su tamaño y su color, blanco o blancuzco. Cuando es joven es redondeado, pero con la edad se abre y adopta forma de embudo irregular. Su carne, blanca, huele poco y se oscurece con el contacto con el aire. Como todas las setas del género *Lactarius*, también pierde leche por donde se rompe, en este caso de color blanco. Los lactarios aterciopelados salen en otoño en robledos y otros bosques caducifolios.

Curiosidades

2
El nombre catalán de esta seta, *terrandòs*, se utiliza también para describir a personas muy altas y robustas pero poco inteligentes. En este caso, el nombre le viene al pelo, ya que el lactario aterciopelado es grande e impresionante pero no tiene ninguna calidad gastronómica.

Valores culinarios

3
Pocos, tiene un gusto entre picante y amargo que no es agradable, y en general es considerada una seta no comestible. Se puede utilizar como condimento aromático picante, una vez secado y pasado por el molinillo hasta convertirlo en polvo.

Especies semejantes

4
Se puede confundir con otras setas parecidas de la misma familia, pero suelen ser más pequeñas. Lo diferenciaremos de la rúsula blanca, también de color blanco, porque el lactario aterciopelado saca leche al romperlo y, en cambio, la rúsula blanca es de la familia de las rúsulas, que no sacan leche.

Rúsula blanca
Russula delica

Identificación

1

Es una seta robusta, de gran tamaño, que puede crecer hasta medir veinte centímetros de diámetro, con todo el cuerpo de color blancuzco, y uniforme. Su sombrero es redondo y enroscado para adentro cuando la seta es joven, pero después se abre y se deforma, sin llegar nunca a coger la forma de embudo del lactario aterciopelado. Sus láminas son blanquecinas, anchas y muy separadas entre ellas. El sombrero está soportado por un pie central robusto, más bien corto, de color blanco, como toda la seta. A pesar de que tanto la pierna como el sombrero son blancos, suelen tener pequeñas manchas tenues y dispersas de color amarillo-óxido. Normalmente aparece con la parte de encima del sombrero sucia, con restos de tierra y hojarasca enganchados. Crece en bosques caducifolios, donde puede ser muy abundante.

Valores culinarios

2

Comestible, hay buscadores de setas a quienes les encanta, pero en general no es una seta apreciada y la prueba es que no aparece en el mercado. Algunos ejemplares tienen un sabor algo picante.

Especies semejantes

3

Los lactarios aterciopelados y otros parientes del grupo de los *Lactarius*, que se diferencian bien porque sacan leche al magullarlos. Otras especies de rúsula, como *Russula chloroides*, pueden llegar a ser muy parecidas.

Rúsula
Russula spp.

Identificación

1   Bajo el nombre de rúsula se designa un conjunto de setas que pertenecen a la misma familia y que los científicos han bautizado con el nombre genérico de *Russula*. Identificar sin equivocarse cada componente de esta familia es complicado. Se puede decir que en general las rúsulas son setas de tamaño mediano, del grupo de los robellones y níscalos, pero que no tienen látex. Normalmente el pie y el libro tienen colores claros y la parte superior del sombrero puede tener colores muy variados según la especie, de forma que podemos afirmar que hay rúsulas casi de toda la gama de colores. Con un grupo tan extenso, es lógico que haya setas adaptadas a vivir en todo tipo de bosques, desde los hayedos, robledos, pinares y encinares hasta los bosques de abedules. Algunas especies llegan a ser muy abundantes.

Valores culinarios

2   Hay especies de rúsulas comestibles y apreciadas y otras que son picantes o amargas, e incluso un poco tóxicas. Sin embargo, en general hay muy poca gente que se dedique a recoger rúsulas.

Especies semejantes

3   El mundo de las rúsulas es muy complicado. Hay que andar con mucho cuidado con la carbonera verde (*Rusula virescens*), en el centro a la derecha, que es comestible, pero se puede confundir con la peligrosa y mortal oronja verde. La carbonera verde no tiene ni vaina membranosa en la base del pie ni ningún anillo alrededor del pie, y, por lo tanto, esto es bastante determinante para distinguirla. La *Russula torulosa*, abajo, es una de las especies más comunes en los pinares mediterráneos, no comestible por su gusto un poco picante. Otra rúsula común es la rúsula sanguínea (*Russula sanguinea*), arriba, muy vistosa por su sombrero rojo escarlata. Es una seta de tamaño mediano, de carne blanca, que crece en los bosques de pinos. Bastante parecida a la especie anterior, esta tiene un gusto si acaso todavía más picante y es ligeramente tóxica. El grupo de las carboneras incluye unas cuantas especies de rúsulas que se oscurecen con el paso del tiempo, como la *Russula albonigra* que podéis ver en el centro, a la izquierda.

Atigrado
Tricholoma pardinum

Identificación

1

Parece una versión aumentada y reforzada de la conocida negrilla, y es que, en realidad, biológicamente es una especie muy próxima. El atigrado es una seta grande y carnosa, que puede llegar a los quince centímetros de diámetro, robusta, redondeada al principio y después aplanada, con una especie de teta abombada en la parte central del sombrero. Su pie es fuerte, algo más grande hacia la base, de color blanquecino, como las láminas, que también son blanquecinas, a veces tirando a amarillentas. En la parte superior del pie y en las láminas de los ejemplares tiernos aparecen unas pequeñas gotitas de agua. Su sombrero es de color gris ceniza, con muchas escamas que miran hacia fuera como si fueran pequeñas tejas. Su carne es blanquecina o gris, y huele bien, como a harina. Aparece en otoño, en hayedos, abetales y bosques mixtos de montaña.

Valores culinarios

2

¡Venenoso! Produce mal de estómago y problemas importantes en la barriga.

Especies semejantes

3

La apreciada negrilla es más pequeña y delicada y suele tener el pie más delgado, vacío por dentro y quebradizo, en contraste con el pie robusto y macizo del atigrado. Aún hay otras especies de negrillas, así que hay que tener cuidado con este grupo de setas.

Negrilla
Tricholoma terreum

Identificación

1 Seta más bien pequeña, con un pie delgado y delicado, blanquecino, que se oscurece con la edad, lleno cuando la seta es tierna y vacío cuando la seta se va haciendo mayor. Trae un sombrero frágil, que cuando es joven tiene forma de campana pero que se va abriendo hasta acabar casi plano. La parte superior del sombrero es de un color parecido a la ceniza, a veces bastante oscuro, sobre todo en su parte central. Las láminas son gordas, del mismo color blanquecino que el pie. Las negrillas son setas frágiles y quebradizas, que se desmenuzan enseguida cuando se las manipula. Su carne, blanquecina, tiene un sabor y un aroma muy suaves. Salen en los bosques de pinos, a veces en grandes grupos.

Curiosidades

2 Las negrillas aparecen a finales de temporada, a veces incluso entrado el invierno, lo que les ha valido nombres vulgares que hacen referencia a este detalle, como el catalán *fredeluc* (friolero).

Valores culinarios

3 Comestible muy apreciado, en temporada es fácil encontrarlo en todos los mercados. Por su carne delicada y frágil es excelente para acompañar carnes guisadas. Una receta conocida basada en esta seta es la sopa de negrilla, que se elabora con negrillas, cebolla y caldo de ave.

Especies semejantes

4 Hay que andar con cuidado para no confundirlo con el atigrado, más grande y robusto.

Seta de los caballeros
Tricholoma auratum

Identificación

1
Algo más grande que una negrilla, la seta de los caballeros es una seta de tamaño mediano, que no suele pasar de medio palmo de anchura. La parte superior del sombrero es de color amarillo sucio, más claro hacia los bordes, a veces bastante oscuro. Las láminas son densas, anchas, libres, de color amarillo intenso; y el pie cilíndrico, macizo, fibriloso, de color amarillo, si acaso algo más claro que las láminas. Sale en otoño, en pequeños grupos, ya sea en bosques de coníferas o en planifolios.

Valores culinarios

2
De carne blanca y fina, un poco amarillenta. La seta de los caballeros es del mismo género que la negrilla y también siempre se había considerado comestible, aunque no tan apreciada. Sin embargo hace pocos años se demostraron unas muertes en Francia por la ingestión de estas, y desde entonces la situación ha cambiado. Habría que saber más detalles para evaluar este caso concreto, pero, por si acaso, desaconsejamos su consumo.

Especies semejantes

3
Lo podemos confundir con la tricoloma azufrada, que es bastante parecida (*Tricholoma sulphureum*), si acaso todavía de un color más amarillo chillón incluso en la parte superior del sombrero. Pero esta seta desprende un fuerte mal olor de gas de cocina que no invita a recogerla. La mortal oronja verde también tiene un color verde amarillento, mucho menos llamativo, pero tiene volva y anillo en la base del pie.

Seta de pino
Tricholoma fracticum

Identificación

1

Seta de tamaño mediano, que alcanza medio palmo de altura como mucho. Su sombrero es de color castaño, más oscuro hacia el centro, con los bordes enroscados hacia abajo en los jóvenes, pero muy abiertos en los ejemplares maduros. Con tiempo húmedo, los ejemplares tiernos son un poco viscosos, pero se secan enseguida con la edad. Las láminas son blancas al principio, después se vuelven de color crema y enrojecen enseguida con el roce. A menudo traen intercaladas láminas más cortas, que salen del borde del sombrero pero no llegan hasta el pie. El pie tiene el color del sombrero, pero algo más claro, y está recubierto de pequeños filamentos que terminan en la parte de arriba, donde la coloración más clara indica la inicial y efímera presencia de un anillo. Aparece en otoño en pinares de zonas calcáreas.

Curiosidades

2

Esta seta también es conocida como robellona, lo que puede llevar a confusión con los robellones y níscalos parasitados por *Hypomices lateritius*, que se retuercen y pierden las láminas, y también son conocidos con este nombre.

Valores culinarios

3

Su carne es blanca y huele bien, como a harina, pero es muy amarga. Comestible de segunda categoría, hay que quitarle la cutícula del sombrero, que se arranca fácilmente, y escaldarla bien, y aun así a veces conserva un punto de amargura. En las Terres de l'Ebre lo hemos visto en la plaza, con el apodo de *bolet de bestiar* (seta de ganado).

Seta engañosa
Entoloma sinuatum

Identificación

1 Sus rasgos más característicos son las láminas rosadas y un típico olor a harina. Aparte de esto, es una seta carnosa con un sombrero que puede variar del color de la tiza al color del plomo, soportado por un pie valiente, fibriloso, a menudo un poco hinchado en su base y un poco torcido, de color tiza o gris claro, a veces con un tono amarillento. El pie es grande y fuerte, un poco torcido, y el sombrero, de hasta quince centímetros de diámetro, es redondeado al principio y con los bordes cerrados hacia adentro; después va abriéndose, pero siempre conserva una protuberancia central. En Cataluña sale en alcornocales del norte, pero es escaso; en cambio, en el País Vasco es más abundante, especialmente en robledos.

Curiosidades

2 Muy tóxico, hay que ir con cuidado con esta seta porque puede provocar intoxicaciones peligrosas, aunque normalmente no llega a ser mortal.

Valores culinarios

3 Por su color claro se podría confundir con una platera, una seta de San Jorge o una pardilla. En todo caso, es una seta que hay que conocer puesto que es venenosa y puede provocar intoxicaciones graves. Su nombre, seta engañosa, lo dice todo.

Especies semejantes

4 Hay que andar con cuidado para no confundirlo con la pardilla (*Clitocybe nebularis*), comestible mediocre no muy recomendable. Solo hay que mirar el color del libro, asalmonado en la seta engañosa y blanco como la nieve en la pardilla.

Higróforo escarlata
Hygrophorus russula

Identificación

1
    Es una seta grande y carnosa, que fácilmente mide medio palmo de altura y otro tanto de diámetro. El pie torcido, hinchado en la parte central, nos lleva directamente al centro de un sombrero irregular, que cambia de forma en cada seta. Al principio tienen forma de cazuelita con los bordes enroscados para adentro, pero, a medida que crecen, se abren y adoptan formas diversas. Toda la seta está pintada con los colores del vino tinto, excepto las láminas, que son blanquecinas. El sombrero, en cambio, luce un vistoso color entre morado y granate, más oscuro hacia el centro del sombrero y más claro en los bordes, a menudo salpicado de manchas más oscuras. Su pie mantiene el mismo tono, pero mucho más claro. Se desarrollan en los bosques de encinas y robles. Suelen aparecer en zonas con mucha hojarasca, y muchas veces envejecen cubiertos por las hojas secas, sin dejarse ver como las demás setas. Salen muy entrado el otoño, más tarde que otras setas.

Valores culinarios

2
    Comestible apreciado por los buenos buscadores de setas, pero desconocido en general. Tiene una carne blanca, que se conserva bien confitada, pero fresca se carcome enseguida. A la brasa con ajo y perejil es excelente. Antes de cocinarlo o confitarlo, conviene desechar la cutícula de la parte superior del sombrero, que es un poco amarga y se desprende fácilmente.

Seta de la miel
Armillaria mellea

Identificación

1   La seta de la miel es una seta vistosa, que crece en grupo en los troncos de los árboles. Se reconoce fácilmente por su forma, con un pie muy largo en proporción con el sombrero por aparecer siempre en grupos muy vistosos. Los pies crecen a partir de un mismo punto y se tuercen lo necesario para poder sacar el sombrero al exterior del ramillete. Su pie es delgado y flexible, de color carne o más oscuro, y lleva un anillo blanquecino que cuelga como un visillo junto al sombrero. Las láminas son de color claro, tirando a color paja. El sombrero, en cambio, tiene unos tonos más variables: cuando es joven empieza con un color de miel (origen de su nombre), siempre más oscuro en el medio que en los bordes, a veces con tonos oliva, y se va oscureciendo con el tiempo. En la parte superior del sombrero, presenta un conjunto de granitos o escamas pequeñas, de color más oscuro, que tienden a desaparecer en las setas más viejas. Tiene una carne blanca con gusto ácido o amargo, que no huele mucho. Se desarrolla en otoño.

Curiosidades

2   La seta de la miel crece en grupos numerosos en los troncos de los árboles muertos, pero también puede traspasar hacia árboles vivos y convertirse en unos parásitos molestos y perjudiciales para los árboles que los silvicultores intentan eliminar.

Valores culinarios

3   No es una seta muy apreciada en la cocina, e incluso mucha gente la tolera mal, pero, en cambio, es conocida en algunas zonas y la encontraremos incluso a la venta en algunos mercados. Se aprovecha solo el sombrero, ya que el pie es duro y coriáceo. Su carne es delgada, blanquecina y desprende un olor poco agradable. Una vez estén muy cocidas, los sombreros pierden la amargura de la carne. Es aconsejable tirar el agua de la cocción.

Colibia de pie fusiforme
Collybia fusipes

Identificación

1   Es como una versión reducida de la seta de la miel, puesto que el aspecto general es parecido pero los sombreros apenas miden tres dedos de anchura. La colibia de pie fusiforme es otra seta que crece en grupo, como los liófilos agregados y las setas de la miel, pero es mucho más pequeña y, además, no forma ramos muy numerosos. Su pie es largo, delgado, débil y castigado por muchos surcos que le dan un aspecto arrugado, de un color marrón cobrizo que se aclara a medida que se acerca al sombrero, macizo cuando es joven pero vacío con el tiempo, y siempre más o menos torcido. Las láminas, nada apretadas, son blanquecinas y con pequeñas manchas de color yema que a menudo también aparecen encima del sombrero. El sombrero, de aspecto frágil, juega con los mismos tonos de madera, entre marrones y rojizos, del pie. Su carne, blanquecina, no tiene ningún sabor ni olor muy especial. Las colibias de pie fusiforme crecen en verano y en otoño, en los troncos de árboles caducifolios, especialmente en los robles.

Curiosidades

2   Las colibias de pie fusiforme aguantan mucho tiempo antes de pudrirse.

Valores culinarios

3   Comestibles, pero no son muy apreciadas. Quienes las comen rechazan los pies, que son demasiado coriáceos. Es mejor comerse solo las setas jóvenes muy bien cocidas. Tienen propiedades laxantes.

Clitocibe en forma de copa
Pseudoclitocybe cyathiformis

Identificación

1 Seta pequeña pero curiosa. Su sombrero es liso, como un embudo profundo de un par o tres de dedos de diámetro con el borde delgado y enrollado hacia fuera. Cuando está en buenas condiciones, es de color pardo oscuro, pero se vuelve más claro a medida que se va secando. Tiene láminas blanquecinas, pequeñas y muy apretadas, de color entre blanco y ceniza, decurrentes, que continúan claramente por el pie. El pie suele ser más largo que el diámetro del sombrero, que es centrado, un poco torcido y del mismo color de las láminas, pero recubierto por filamentos más oscuros, con restos de micelio en la base.

Sale en otoño ya sea en todo tipo de bosques o bien en lugares húmedos, a menudo en medio de la hierba en el bosque o en caminos, en grupos numerosos.

Valores culinarios

2 Por su tamaño es una seta de poca carne, que, además, en el pie es un poco correosa. Huele bien, como a almendras amargas, y tiene buen sabor, pero no tiene valor culinario.

Senderuela
Marasmius oreades

Identificación

1

Seta pequeña y frágil, de color parecido a la avellana, más oscuro en la parte central del sombrero. Su pie es largo y delgado, aunque muy a menudo no se aprecia a primera vista porque queda escondido entre la hierba de los prados. El sombrero empieza siendo muy redondeado, del tamaño de una aceituna pequeña, pero se va abriendo con la edad hasta coger la típica forma de paraguas y, finalmente, los bordes llegan también a levantarse un poco en alto. Las láminas son grandes y anchas, de color más claro que el sombrero, muy separadas entre ellas.

Su carne, blanquecina, desprende un olor agradable y no tiene leche. Crece sobre todo en primavera, pero puede aparecer en cualquier época del año si la meteorología es favorable, en prados de pasto frescos y húmedos, y a veces también en campos de alfalfa. A menudo crecen en fila o en círculo, formando corros fáciles de encontrar porque los marca la hierba que crece a su lado, más verde y lozana.

Valores culinarios

2

Bastante apreciada, normalmente se desprecia la mayor parte del pie, flexible y coriáceo. Los sombreros pueden formar parte de una original tortilla pero lo más normal es usarlos para condimentar guisos. Fritos con ajo y perejil también son excelentes. Por su tamaño, las senderuelas se pueden conservar muy bien dejándolas secar, muy extendidas sobre una mesa de una habitación que no tenga humedad. Una vez estén muy secas, podemos conservarlas durante mucho tiempo en bolsas de papel, y ablandarlas con agua cuando las queramos cocinar. También las podemos moler con un molinillo y usar el polvo como condimento. Hay algunos casos documentados de gente alérgica a las senderuelas que reacciona con malestar y visión de lucecillas que se encienden y se apagan, síntomas que también están citados en las intoxicaciones por ingestión de la falsa oronja.

Especies semejantes

3

Hay unas cuantas especies de setas que se podrían confundir con una senderuela. Lo mejor para conocerlas es que nos las presente por primera vez un experto. Conviene saber que las senderuelas son setas de prado, que crecen entre la hierba, a veces muy escondidas. No las encontraremos, pues, sobre la hojarasca ni sobre la madera, ni dentro del bosque.

Platera
Clitocybe geotropa

Identificación

1 La platera es una seta de tamaño grande, firme, que fácilmente pasa de medio palmo de diámetro. Es de un color muy uniforme, como de madera clara, que recuerda la coloración de las senderuelas. Su sombrero lleva láminas elásticas, que no se rompen fácilmente. Cuando son pequeñas estas setas crecen desproporcionadas, con un pie grueso, macizo y potente, que es casi tan ancho como el sombrero, que al principio es redondeado y con el borde enrollado. A medida que la seta va creciendo, pie y sombrero toman proporciones más normales; el sombrero va haciéndose más gordo en relación al pie, primero es plano y después toma forma de embudo, pero el pie siempre queda más largo que el diámetro del sombrero. Toda la seta tiene un tacto enjuto, no tiene ningún tipo de leche y la carne blanquecina huele bien y tiene buen sabor. Las plateras salen muy entrado el otoño, a menudo en zonas abiertas, formando grupos espectaculares, a veces incluso en prados fuera del bosque.

Valores culinarios

2 Buen comestible, apreciado en algunas comarcas, aunque en general no es muy conocida. Hay quien desprecia el pie, que es más fuerte y correoso, sobre todo en setas viejas. Las plateras están ricas como acompañamiento de platos guisados, y también se pueden secar y moler y aprovechar el polvo como condimento.

Pie azul
Lepista nuda

Identificación

1

Fácil de reconocer, esta es una de las setas más bonitas. Su cuerpo tiene el color de las violetas de bosque, a veces más o menos intenso o con zonas más marrones que pueden alcanzar gran parte de la seta. Su tamaño es mediano. El pie mantiene el color violeta de toda la seta, pero suele ser mucho más claro, a menudo más ancho en la base y más estrecho cuanto más cerca del sombrero. Las láminas del libro, delgadas y apretadas entre ellas, conservan el color general de la seta, incluso al envejecer. Los pies azules salen en todo tipo de bosques, ya sean pinares o bosques caducifolios. Crecen sobre todo en otoño, en bosques y prados, a menudo sobre hojarasca.

Curiosidades

2

El pie azul se cultiva industrialmente de forma parecida a las setas de ostra o los champiñones, pero no ha llegado a tener el éxito de otras especies cultivadas.

Valores culinarios

3

Comestible. La carne, frágil, también es de un color violeta, y desprende un olor muy agradable. Hay quien las come salteadas con coñac: se trata de freírlas en aceite al rojo vivo, añadir ajo y albahaca cortados muy pequeños y un chorro de coñac antes de sacarlas del fuego. Para chuparse los dedos.

Especies semejantes

4

Hay otras setas de colores morados o lilas, entre ellas algunos cortinarios y también un pariente cercano, *Lepista glaucocana*, de color azul cielo más claro. Los cortinarios jóvenes tienen una cortina de fibras delgadísimas que protege el libro y que los hace inconfundibles, pero la pierden con la edad.

Seta fasciculada
Hypholoma fasciculare

Identificación

1   Seta muy fotogénica que siempre crece en grupos apretados en los troncos muertos de los pinos y otros árboles, a veces también saliendo de las raíces podridas enterradas. Individualmente es una seta pequeña, con un sombrero de dos o tres dedos de diámetro, pero normalmente aparece en grupos muy numerosos que lucen a distancia en medio del bosque. Tanto el pie como el sombrero son de color amarillo anaranjado, que se oscurece en la parte central del sombrero. Las láminas empiezan amarillentas, pero se oscurecen enseguida para coger un tono verde oliva que al final acaba muy oscuro. Es una seta alta y delgada. Su pie es torcido, fibroso, más oscuro en la base que en la parte superior, y soporta un sombrero pequeño en relación a la longitud del pie que empieza en forma de bola, puesto que está enroscado hacia abajo y pegado al pie. Cuando el sombrero se abre, muestra una cortina protectora del velo, que a veces aparece pegada entre el pie y el borde del sombrero.

Valores culinarios

2   No comestible, huele bien pero, en cambio, su gusto es amargo, y parece que puede contener algunas toxinas.

Especies semejantes

3   La hifoloma color ladrillo (*Hypholoma sublateritium*) es un pariente muy cercano y parecido, de sombrero algo más rojizo. La seta de la miel (*Armillaria mellea*) adopta formas muy diferentes en función de las condiciones ambientales, y esto, a veces, también podría dar lugar a confusión.

Boleto escamoso
Strobilomyces strobilaceus

Identificación

1   Seta maciza, de tamaño mediano (hasta diez o doce centímetros de diámetro) que cuando es joven tiene un pie largo y fibroso, recubierto de unas escamas pequeñas que son los restos de un antiguo velo protector. El pie soporta un sombrero redondo cargado de escamas gordas y oscuras, que resaltan sobre un fondo más claro y le dan el aspecto de una piña. A medida que pasan los días, la piña se va abriendo por su parte inferior como un paraguas y adopta la forma de una seta convencional. Al principio, la parte de debajo del sombrero está cubierta por otro velo protector que al final se deshace y queda como un anillo poco consistente, de color grisáceo, que también desaparece con el tiempo. Como todas las setas que pertenecen a esta familia, bajo el sombrero lleva poros en vez de láminas. Cada poro es el final de un tubo largo y delgado, de sección poligonal, y todo el conjunto de tubos, muy apretados entre ellos, es lo que forma la esponja o musgo de la parte inferior del sombrero, estructura típica de hongos negros y hongos calabaza, parientes de la misma familia. En este caso, el conjunto presenta un color blanco amarillento que después se convierte en un tono gris ceniza. Tanto el pie como la parte superior del sombrero tienen un color que recuerda la madera podrida. Los boletos escamosos crecen solitarios o en grupos pequeños, en verano y en otoño.

Valores culinarios

2   Ninguno, a pesar de que no huele ni sabe mal. Su carne es blanca y dura, aunque si la cortamos o le damos un golpe se oscurece tirando a rojizo. Se seca y oscurece antes que pudrirse. Demasiado dura para ser buen comestible.

Hongo calabaza
Boletus edulis

Identificación

1

El hongo calabaza auténtico (*Boletus edulis*) es una seta de gran tamaño (a veces mide casi un palmo de diámetro) que destaca por su pie color tiza exageradamente achaparrado, de forma que cuando la seta es joven la base del pie llega a ser tan ancha como el propio sombrero. Con el tiempo la proporción cambia y el pie adquiere un tamaño más convencional, sin dejar de ser grande, fuerte y macizo, con una carne muy consistente. En vez de láminas, el sombrero lleva debajo una esponja que muestra una infinidad de poros diminutos, que empieza blanca pero después amarillea y se va oscureciendo con el tiempo. La parte superior del sombrero es lisa y tiene un color avellana. Los hongos calabaza son setas de montaña, que salen en otoño en los bosques de pinos y abetos. Pero hay otros ejemplares de su familia, también comestibles y a menudo conocidos también como hongos calabaza, que crecen en bosques más secos de tierras bajas.

Curiosidades

2

Hay que ir con cuidado con esta especie, puesto que los indigestos boletos de Satanás también pertenecen a este grupo y se asemejan sobre todo por la forma típica de tapón de champán y por los poros bajo el sombrero, aunque el color rojizo de la esponja es muy diferente.

Valores culinarios

3

Muy rico y apreciado, en Francia es el rey de las setas, muy por encima de robellones y níscalos. Su carne es abundante, esponjosa y blanca, y no cambia de color al cortarla. Permite cocinarlo tanto a la brasa como a la cazuela y también se deja conservar cortándolo a rebanadas muy finas y secándolo. También hemos visto vender polvo de hongo calabaza, y hay quien de él hace sopa, cortado a trocitos y acompañado de tomate, queso, huevos, aceite, sal, pimienta y un grano de ajo. También se puede comer crudo, como un *carpaccio*, con un poco de aceite, sal y pimienta.

Especies semejantes

4

Con el nombre genérico de hongos calabaza se denominan varias especies parecidas del mismo género, como por ejemplo *Boletus aereus* y *Boletus pinicola* (en el centro y abajo), también comestibles apreciados. Todos tienen poros en vez de láminas, una forma típica de tapón de champán y no cambian de color al cortarlos. El sombrero es oscuro, color bronce, a veces con manchas más claras y suavemente aterciopelado. Los poros son blanquecinos al principio, pero se amarillean con la edad.

Boleto baboso
Suillus spp.

Identificación

1

Bajo el nombre de boleto baboso se reúnen unas cuantas especies de setas de tamaño mediano, que recuerdan un hongo calabaza esmirriado, con el pie delgado y todo el cuerpo más pequeño. Su sombrero es de color castaño más o menos oscuro, a menudo un poco viscoso con tiempo húmedo. Debajo del sombrero, en vez de libro, también tienen una esponja atestada de pequeñas poros parecida a la de los hongos calabaza, de color más claro que el sombrero. El pie suele ser de color claro, tirando a amarillo. El boleto bovino (*Suillus bovinus*), arriba, tiene sombrero irregular, carnoso y elástico, de color avellana con reflejos rojizos. Se distingue por los poros, de color amarillo sucio, que en este caso son muy grandes y aparecen subdivididos en múltiples tubos más pequeños. El pie es corto y frágil, del mismo color que el sombrero o algo más oscuro, sin manchas rojizas. Es poco apreciado, y crece en bosques de pinos, sobre todo en suelos arenosos. El boleto granulado (*Suillus granulatus*), en el centro, crece sobre todo en los pinares de pino silvestre y debe su nombre a las granulaciones amarillas, poco visibles, de la parte superior del pie. *Suillus collinitus*, abajo, también tiene granulaciones evidentes, además de unos restos de micelio rosado que aparecen en el pie.

Valores culinarios

2

Los boletos babosos son comestibles, a pesar de que no muy apreciados. Quienes los comen les quitan la piel del sombrero y el musgo de debajo. Su carne esponjosa se carcome muy pronto.

Especies semejantes

3

Los boletos babosos son un rompecabezas para cualquier principiante. Y todavía hay más especies. *Suillus bellinii, por ejemplo,* es una seta pequeña, que no suele sobrepasar los diez centímetros de diámetro. Tiene el sombrero de color tostado pero chillón, más oscuro en el centro y más claro hacia los bordes, que se pela fácilmente. El pie es corto y valiente, a veces curvado, blanquecino, con granitos de color rojo que destacan sobre el fondo. Es una seta frecuente, que crece bajo pinares en las comarcas del litoral. Comestible, pero poco apreciado.

Boleto anillado
Suillus luteus

Identificación

1   Familiar cercano de hongos calabaza y boletos babosos, el boleto anillado no es nada más que un tipo de boleto baboso caracterizado por la cutícula blanca que protege la parte inferior de su sombrero. Es una seta de tamaño mediano, con un pie macizo, de color amarillo, a veces blancuzco. Cuando la seta es tierna, la esponja está cubierta por un velo firme y blanquecino, que protege toda la parte inferior del sombrero, desde el borde hasta el pie, que queda también casi envuelto por el color blanco. Pero con el tiempo, el sombrero crece y se desprende del velo protector de la esponja, que se pudre y se encoge, hasta convertirse en un anillo delgado y oscuro, un poco violáceo, situado en la parte media del pie. Debajo del sombrero también tiene poros que en conjunto le dan el aspecto de una esponja espesa, de color amarillo, fisionomía típica de su familia, que incluye boletos babosos y hongos calabaza. Es una seta de pinares que crece desde principios de otoño hasta que empieza el frío.

Valores culinarios

2   Es una seta comestible y localmente bastante apreciada. Para cocinarla conviene retirar la cutícula de la parte superior del sombrero y también la esponja de debajo, con lo que o sea que al final se aprovecha muy poco. La carne, blanda, es blanca al principio, amarillea con el tiempo y huele bien. Sin embargo, en general, los expertos lo consideran de segunda división.

Hongo de roble
Leccinum quercinum

Identificación

1 El hongo de roble auténtico, que mostramos en la fotografía, es una seta grande, con un sombrero que puede llegar a medir casi un palmo de diámetro, de color anaranjado o a veces más oscuro hasta llegar a color de ladrillo tostado. Su pie es largo y grueso, valiente, a veces un poco hinchado en su parte media, cubierto de múltiples escamas que oscurecen con el paso del tiempo. Debajo del sombrero lleva una esponja de tubos diminutos y blanquecinos. Su aspecto cambia a medida que crece: al principio es todo pie, con un sombrero desproporcionadamente pequeño, redondo, muy cerrado y ajustado contra el pie. Cuando el pie ya ha crecido bastante, el sombrero se empieza a mover: primero se abre y se desengancha del pie, después toma forma de media esfera y finalmente se achata y crece hasta coger la forma definitiva.

Curiosidades

2 El nombre de hongo de roble incluye en la práctica todo un grupo de setas, parientes también de hongos babosos y hongos calabaza, pero en este caso pertenecientes al género *Leccinum*. Son setas de otoño que encontraremos debajo de chopos, álamos temblones, abedules y otros árboles caducifolios.

Valores culinarios

3 Comestibles, pero no tan apreciados como los hongos calabaza por su carne blanda que se ennegrece en contacto con el aire y también con la cocción. Poca gente los aprovecha. Segunda categoría.

Boleto
Boletus spp.

Identificación

1
Los boletos pertenecen a la familia de los hongos calabaza u hongos negros y su fisionomía general se asemeja mucho, pero todos tienen tonos más o menos cobrizos. Hay varias especies conocidas con este nombre, todas parecidas, pero quizás la más representativa es el boleto de Satanás, conocido así también en el mundo científico: *Boletus satanas* (arriba).

El boleto de Satanás es una seta muy gruesa, fuerte y achaparrada. Tiene un pie gordo e hinchado que soporta un sombrero de un tamaño todavía más grande, que llega a medir un palmo. El musgo de debajo del sombrero es una esponja de poros amarillentos en las setas más jóvenes, que enseguida evoluciona hacia un color rojo sangre. Por encima, en cambio, el sombrero está cubierto por una cutícula de color claro. La carne es blanca y no huele mal, pero al cortarla o darle golpes se vuelve azul. Lo encontraremos en terrenos calcáreos. Es una seta de verano y otoño.

De tamaño parecido, el pie rojo (*Boletus erythropus*), en el centro a la izquierda, tiene un sombrero grande y seco, de hasta veinte centímetros de diámetro. El musgo de debajo del sombrero es de color rojo vivo al principio, pero va oscureciendo con el tiempo. La carne es blanca, pero también se vuelve azul al cortarla.

Curiosidades

2
La toxicidad de este grupo de setas varía en cada especie, y en algunos casos, su nombre popular seguramente está influido por su color impresionante.

Valores culinarios

3
El boleto de Satanás (*Boletus satanas*), arriba, es una seta tóxica pero no es de las más peligrosos que existen. Puede provocar dolor de barriga, diarrea, vómitos y, en general, afecta todo el aparato digestivo. Hay pocos casos de intoxicaciones porque la gente ya no lo recoge por sus colores llamativos. El pie rojo (*Boletus erythropus*), en el centro a la izquierda, en cambio, está considerado un comestible mediocre, pero no es recomendable recogerlo por el peligro de confusión con el boleto de Satanás. El *Boletus rodoxanthus*, en el centro a la derecha, es otro boleto muy vistoso típico de bosques de árboles de hoja plana nada recomendable para la cocina. En cambio, el *Xerocomus rubellus*, abajo, teóricamente es comestible, pero nada apreciado.

Seta barbuda
Coprinus comatus

Identificación

1 Seta muy curiosa porque, cuando envejece, se empieza a deshacer por los bordes hasta convertirse en un líquido oscuro que cae al suelo en pequeñas gotas. El proceso de licuación del sombrero continúa hasta que queda solamente el pie. Su sombrero es blanquecino con manchas pardas cubierto de grandes escamas que se desprenden fácilmente. Cuando la seta es joven, tiene una forma de huevo alargado y se mantiene plegada como un paraguas, con los bordes enganchados al pie, que es blanco y muy recto, con un poco de vaina en la base, y con un anillo efímero cerca del sombrero. Con la edad, el sombrero se abre y enseña sus láminas rosadas, hasta adoptar la forma de una campana. Las setas barbudas pueden aparecer desde la primavera hasta el otoño, a menudo en prados y tierras muy abonadas o labradas.

Curiosidades

2 La "tinta" que sueltan tiene una función: dispersar las esporas. Las gotas que caen al suelo ensucian los pies de los animales, y así el líquido cargado de esporas llega a otros rincones del bosque.

Valores culinarios

3 Comestible, en Francia lo consideran uno de los mejores. Hay que coger solo los ejemplares jóvenes, cerrados, que todavía tienen las láminas blancas y no se han empezado a licuar, y consumirlos tan pronto como se pueda, a poder ser, justo al regresar a casa. Tienen una carne muy fina que no se debe cocer mucho. Hay quien se los come combinados con marisco o con tortilla. Hay que tener cuidado, porque hay especies parecidas más pequeñas que son tóxicas.

Coprino entintado
Coprinus atramentarius

Identificación

1 Con el nombre de coprino entintado denominamos todo un grupo de setas parientes de las setas barbudas, que pueden crecer sobre estiércol, pero también directamente en el suelo o sobre troncos podridos. El más grande del grupo y uno de los más populares es el de la fotografía, conocido también como coprino blanco y negro, por su coloración contrastada. Es una seta frágil y quebradiza, que presenta un pie largo y delgado, desproporcionado, de color claro, sin ningún tipo de anillo, acabado en un sombrero cerrado, en forma de paraguas medio plegado. El conjunto suele ser más pequeño que la seta barbuda, pero a veces puede llegar a crecer hasta más de un palmo de altura. El sombrero es de color marrón oscuro y típicamente salpicado de pellejos blanquecinos. Crece en bosques de árboles caducifolios, solo o en grupos reducidos.

Curiosidades

2 Al igual que las setas barbudas, el sombrero de los coprinos entintados se licúa y desaparece despacio cuando envejece. Primero se empiezan a deshacer los bordes, convertidos en un líquido negro, y poco a poco acaba deshaciéndose todo el sombrero hasta que queda solamente el pie, todavía erecto.

Valores culinarios

3 Comestible, pero sin interés culinario, y con el inconveniente añadido de que hay que evitar tomar bebidas alcohólicas en la misma comida, porque el alcohol y la seta provocan una reacción perjudicial para el estómago. Para dejarlo en el monte, sin duda.

Pata de perdiz
Chroogomphus rutilus

Identificación

1
Seta que suele tener un color marrón-óxido cuando crece en las tierras bajas. Hacia la montaña, las patas de perdiz son más oscuras. Se trata de setas de tamaño mediano, con un pie largo en relación a la seta, macizo, más delgado en la base pero firme hacia el medio, fibroso y a menudo torcido. En la parte superior del pie se pueden ver los restos de un velo delgado, que protege las láminas cuando la seta es joven. El libro presenta láminas espaciadas entre ellas, que se vuelven más oscuras a medida que la seta va madurando. El sombrero tiene forma cónica cuando la seta es joven, pero se va allanando con la edad, manteniendo siempre una protuberancia central. Su tacto puede ser un poco viscoso, pero sin llegar al extremo de los higróforos. La carne es amarillenta, en la base del pie casi dorada, no desprende ningún olor especial y tiene un sabor suave. Las patas de perdiz crecen en otoño en bosques de pinos.

Curiosidades

2
El nombre científico de esta seta varía según los autores. Hay libros que hablan de *Gomphidius viscidus* o bien de *Gomphidius rutilus* y se refieren a la misma seta, lo que ocurre también con otras especies.

Valores culinarios

3
Comestible, a pesar de que una vez cocido oscurece y no presenta un buen aspecto. Muy apreciado por algunos, pero por otros totalmente desconocido.

Especies semejantes

4
Hay que conocer bien esta seta y sobre todo no confundirla con un cortinario de montaña. Solo para expertos.

Higróforo cónico
Hygrocybe conica

Identificación

1   Seta vistosa y frágil, de pie largo y delgado, vacío por dentro, de un color amarillo un poco anaranjado, que soporta un sombrero cónico que le da nombre, a pesar de que con el tiempo se abre más y pierde su forma original. Las láminas son anchas y muy separadas entre ellas, de un color blanquecino que se oscurece en los bordes. El sombrero es amarillo-naranja más o menos intenso, más bien delgado y quebradizo, no muy grande, de dos o tres dedos de diámetro. La carne, blanca o amarillenta, saca un látex que se vuelve negro en contacto con el aire, de forma que la seta puede quedar manchada de color negro por las heridas que sufre con el tiempo. Los higróforos cónicos salen junto a bosques, márgenes y prados, entre la hierba, desde finales de verano hasta que llega el invierno.

Valores culinarios

2   Recomendamos no comerlos porque hay opiniones enfrentadas sobre si son comestibles o no. Lo que está claro es que existen parientes cercanos del higróforo cónico que son muy tóxicos.

Si a todo esto le añadimos que se trata de setas muy pequeñas que apenas tienen carne, es fácil de entender el poco interés que generan.

Especies semejantes

3   Hay unas cuantas especies semejantes del mismo género *Hygrocybe* pero diferenciarlas no es nada fácil.

Cortinarios
Cortinarius spp.

Identificación

1
Los cortinarios son una gran familia de setas poco conocidas, porque ninguna de ellas es un comestible apreciado. Cuando son jóvenes, se reconocen porque tienen el libro protegido por un velo de hilillos muy finos que salen del borde del sombrero y van hacia el pie hasta formar una cortina deshilada y fina, que desaparece con la edad y se aprecia muy bien en el *Cortinarius claricolor* de la fotografía superior. El nombre de cortinario viene por la presencia de esta cortina en las setas jóvenes, a pesar de que muchas especies la pierden enseguida. Solo en España se han encontrado cerca de doscientas especies diferentes, y todavía de vez en cuando hay micólogos que encuentran especies nuevas. La mayor parte de estas setas no tienen nombre vulgar, y son una auténtica pesadilla incluso para los micólogos expertos, porque estamos ante una de las familias de setas más complicadas para identificar exactamente cada especie.

El cortinario de montaña (*Cortinarius orellanus*), de un color rojo óxido muy vistoso (en el centro a la derecha), es, por su toxicidad, el primero que hay que aprender a reconocer. Tiene un pie fibroso, normalmente un poco torcido y de color más claro que el sombrero, que empieza pronto como un sombrero chino y se va abriendo hasta quedar bastante allanado, y conserva solo un chichón en medio. Si nos fijamos, veremos que es granulado. No es una seta muy abundante y, además, no suele aparecer en grupo. Crece en otoño.

Curiosidades

2
Hay documentación de una intoxicación colectiva por cortinarios de montaña en Polonia en otoño de 1952, que provocó la muerte de unas cuantas personas. Aquí no hay muchos casos de intoxicaciones, en parte porque no es una seta muy abundante.

Valores culinarios

3
Rechazables en general y en algunos casos muy tóxicos. El cortinario de montaña es una seta tan peligrosa como la propia oronja verde. Su veneno tarda mucho en hacer efecto, a veces varios días, y cuando aparecen los síntomas ya es muy tarde y los lavados de estómago ya no son efectivos.

Especies semejantes

4
Hay cortinarios muy bonitos, como el cortinario púrpura (*Cortinarius purpurascens*), en el centro a la izquierda, y otros curiosos como *Cortinarius callisteus*, abajo, que emite un olor a plancha de hierro impresionante. Hay que tener cuidado, porque hay unas cuantas especies de cortinarios que pueden provocar confusiones con especies comestibles; por ejemplo, el cortinario de montaña con la pata de perdiz o el cortinario púrpura con el pie azul.

Higróforo
Hygrophorus limacinus

Identificación

1   Seta fuerte, grande, con un sombrero que puede sobrepasar los diez centímetros de diámetro. La principal característica es su viscosidad, todo su cuerpo está cubierto por una mucosidad gelatinosa que lo hace muy viscoso al tacto, aunque los ejemplares viejos llegan a secarse dejando un montón de trocitos de hojarasca pegados encima del sombrero. Su pie es carnoso y de forma irregular, más estrecho en la base y de color blanco. Las láminas son firmes y muy separadas entre ellas, con un típico aspecto ceroso. El sombrero, que es la parte más viscosa de toda la seta, es de color pardo oliváceo. Crece en otoño, sobre todo en los pinares de pino silvestre, y también en bosques mixtos, en terrenos calcáreos.

Curiosidades

2   Los nombres populares de los higróforos varían mucho según las zonas, y a veces es muy fácil confundirse. Además, la nomenclatura científica también ha variado, y en algunas publicaciones aparece *Hygrophorus latitabundus* en lugar de *Hygrophorus limacinus*, lo que puede llevar a confusiones.

Valores culinarios

3   A pesar de su aspecto viscoso, el higróforo es una de las setas comestibles más apreciadas, especialmente para acompañar guisos de carne de ternera o pato a la cazuela. Casi no se carcome, y se puede conservar fácilmente en sal y al baño maría. Una auténtica estrella de la cocina.

Higróforo oliváceo
Hygrophorus persoonii

Identificación

1   De la misma familia que el higróforo y fácil de confundir con esta seta, el higróforo oliváceo se reconoce por su tamaño más reducido y por la mucosidad que lo envuelve, que no es transparente, sino que tiene un tono translúcido que distorsiona el color real de la seta. Esta seta es menos corpulenta que el higróforo, posee un pie más delgado y las dimensiones del sombrero no suelen pasar de los seis o siete centímetros de diámetro. Comparte con el higróforo el hecho de que la parte superior del pie es blanca y seca, en contraste con el resto, que es sucia y viscosa; en el caso del higróforo oliváceo parece todavía más sucia que en el higróforo. Acostumbra a crecer en los encinares y es una seta de otoño, que crece en terrenos silicios.

Valores culinarios

2   El higróforo oliváceo es un comestible apreciado, aunque no llega a la categoría del auténtico higróforo. Desarrolla un pie blanco y tierno, que no tiene un sabor ni olor muy fuertes. Es recomendable desechar la piel de la parte superior del sombrero y limpiar bien el pie para eliminar el exceso de mucosidad. Hay quien desecha la mayor parte del pie, cortándolo a poca distancia del sombrero.

Higróforo blanco
Hygrophorus gliocylus

Identificación

1

Como todo el grupo de los higróforos, el higróforo blanco también tiene su cuerpo recubierto por una mucosidad viscosa que provoca que casi se escape de las manos al recogerla. Y, también como todos los higróforos, tiene láminas firmes, de color crema, grandes y muy separadas entre ellas. El diámetro del sombrero puede llegar a medir hasta diez centímetros. Su pie es largo y más bien delgado, pero macizo, de color blanco, casi amarillo en la base, con una franja más amarillenta y viscosa en la parte media del pie que corresponde a los restos de un anillo poco duradero. A pesar de su nombre, esta seta no es blanca, sino amarilla. La parte superior del sombrero tiene el color de la paja, más claro en los bordes y más oscuro hacia el centro. Los higróforos blancos crecen en otoño en los pinares, sobre todo en los de pino silvestre.

Curiosidades

2

Es una seta conocida de muchos buscadores, y a menudo lo encontraremos a la venta en los mercados de pueblos de montaña. Algunos autores lo citan como higróforo amarillo para diferenciarlo del higróforo marfileño que tenéis a continuación.

Valores culinarios

3

Comestible apreciado, presenta una carne blanca y fina, sin ningún sabor ni olor especial. Al igual que todos los higróforos, es una seta que se usa sobre todo como acompañante en platos guisados.

Especies semejantes

4

Hay que conocer muy bien estas setas, puesto que en según qué condiciones pueden tener un parecido con la venenosa oronja verde, que nunca es viscosa y, si está bien conservada, tiene volva y anillo.

Higróforo marfileño
Hygrophorus eburneus

Identificación

1 El higróforo marfileño es de la familia de los higróforos y, por lo tanto, mantiene el diseño típico de láminas blancas, firmes y espaciadas, y el cuerpo viscoso. Es una especie de tamaño pequeño, que llega a 10 centímetros de altura como máximo, con un sombrero que no excede los siete centímetros de diámetro. Toda la seta es de color blanco, pero amarillea con el tiempo. Los higróforos marfileños crecen en otoño en robledos y otros bosques de árboles caducifolios, y a veces también en bosques de pinos.

Valores culinarios

2 Es comestible, pero poco apreciado y nada recomendable para los inexpertos para evitar la confusión con otras setas blancas venenosas. Tiene una carne blanca y fina con un olor poco agradable.

Especies semejantes

3 Hay unas cuantas especies del grupo de los higróforos de color entre blanco y amarillo que se pueden confundir fácilmente con el higróforo marfileño, especialmente el higróforo maloliente (*Hygrophorus cossus*), que recibe este nombre porque desprende un olor muy desagradable, como de arenque, y también el higróforo de flecos amarillos (*Hygrophorus chrysodon*), que también es blanco, con manchas doradas en el borde del sombrero, pero amarillea al romperse. Si al cogerlo nos aseguramos de que se trata de un higróforo no hay peligro. Pero el problema es que con el viento o la sequedad ambiental, estas setas pueden perder la mucosidad y se pueden confundir con otras setas blancas que sí son venenosas.

Seta de San Jorge
Calocybe gambosa

Identificación

1 Es una seta achaparrada y fuerte, sostenida por un pie grueso, carnoso y corto, un poco panzudo, más ancho en la base y más estrecho a medida que se acerca al sombrero. Cuando nace es bastante redondeado, con forma de tapón de champán, pero después se abre hasta que adopta la forma típica de paraguas abierto. Las láminas, muy apretadas, tienen el mismo tono blanco cremoso de toda la seta. Su carne es blanquecina y emite un olor a harina muy agradable. Son setas de primavera que crecen muy escondidas entre la hierba en claros de los robledos, fresnedas u otros árboles caducifolios. Crecen en corros de brujas como las senderuelas, visibles a distancia, porque dejan temporalmente la hierba un poco seca.

Curiosidades

2 Son setas de primavera, que a menudo aparecen alrededor de las fechas de San Jorge (23 de abril) y por esta razón son conocidas con este nombre. Los científicos también lo tuvieron presente y durante un tiempo las bautizaron como *Tricholoma georgii*.

Valores culinarios

3 Muy rica, la seta de San Jorge es un comestible excelente que se puede comer de muchas maneras diferentes, y combina bien con cualquier cosa. Aun así, es conocida solo por buscadores expertos, que guardan en secreto la ubicación de los buenos setales como un patrimonio familiar que pasa de padres a hijos.

Champiñón silvestre
Agaricus campestris

Identificación

1
El champiñón silvestre es una seta carnosa y achaparrada que se asemeja a los champiñones cultivados que venden en las tiendas (en realidad, son parientes muy cercanos). Tienen un pie de color blanco adornado con un anillo visible muy cercano al sombrero, que desaparece en los ejemplares más viejos. El sombrero llega a medir 10 centímetros de diámetro, también es blanquecino, a pesar de que a veces aparece manchado por escamas de color más oscuro. Posee un libro con muchas láminas muy apretadas, de color salmón cuando la seta joven, pero que oscurecen con la edad hasta llegar a un tono casi negro. El sombrero y el pie se pueden separar fácilmente. El champiñón silvestre es una seta de campos y prados que a menudo aparece en terrenos muy abonados con estiércol de ganado. No soporta bien el frio, por lo que solamente aparece a finales de verano y en otoño, y a veces en primavera, siempre que el tiempo sea lluvioso y las temperaturas suaves.

Curiosidades

2
Hay que tener cuidado con los champiñones silvestres porque pueden tener cierto parecido a algunas setas del género *Amanita*, muy venenosas. Nos tenemos que fijar en las láminas de color rosado o salmón y en la carencia de vaina membranosa en la base del pie, por lo que conviene arrancar muy bien la seta. Las oronjas son más altas y esbeltas, y tienen láminas claras y vaina en la base del pie muy visible, pero en según qué condiciones esta vaina puede quedar en el suelo al arrancar la seta.

Valores culinarios

3
Comestibles, a pesar de que es mejor aprovechar solo los ejemplares más tiernos, que todavía tienen las láminas de color rosado. Es más apreciado que su pariente próximo: el champiñón (*Agaricus bisporus*) que venden en las tiendas.

Champiñón
Agaricus bisporus

Identificación

1
Es un pariente del champiñón silvestre de color blanquecino un poco más oscuro en la parte superior del sombrero. Su pie es corto y achaparrado, macizo cuando la seta es joven, de color blanquecino tirando un poco a rosado a medida que se acerca al libro. El sombrero empieza muy redondeado, casi esférico. Debajo lleva un velo que va del borde hasta el pie, de forma que el libro queda totalmente escondido y protegido. Con la edad, el sombrero crece y se ensancha y este velo protector se rompe, quedando repartido entre una especie de cortina que cuelga de todo el borde del sombrero y un anillo membranoso en la parte superior del pie. En este momento, la seta nos muestra las láminas, muy apretadas, que son de color blanco-rosado pero se van oscureciendo con la edad. Su carne es blanda, pero compacta, huele bien y adquiere una tonalidad rosada cuando la cortamos, lo que nos permite diferenciar el champiñón del champiñón silvestre, que tiene una carne muy blanca. Los champiñones procedentes de cultivo suelen ser muy blancos por encima. Los que viven salvajes en los campos abandonados y en los jardines de las casas suelen tener tonos más oscuros, sobre todo hacia el centro del sombrero.

Curiosidades

2
Junto con la seta de ostra, el champiñón es una de las pocas setas que se cultivan al por mayor. Parece que este cultivo es originario de Francia, y concretamente de París. Cuenta la leyenda que unos campesinos que se dedicaban a cultivar melones se fijaron en los champiñones que crecían sobre los montones de materia orgánica que ellos desaprovechaban, los intentaron cultivar y el sistema funcionó. Evidentemente, si esto es verdad, aquellos primeros cultivos que datan de 1650 debían de tener poca importancia. No fue hasta un siglo más tarde cuando también un francés encontró el sistema de las cuevas y las minas abandonadas. Como las setas no necesitan la luz, criarlos en cuevas o minas tiene muchas ventajas: la temperatura y la humedad son mucho más estables, y, además, no hay que preocuparse, por ejemplo, por el daño que puede causar el granizo, ni por la competencia de las malas hierbas, que sin luz no sobreviven. Los estiércoles de caballo fueron el primer sustrato. Pero hasta 1894, la técnica no permitió realizar cultivos puros, es decir, no consiguió aislar el micelio del hongo y separarlo de cualquier tipo de parásito o microorganismo que lo pudiera contaminar.

Valores culinarios

3
El champiñón es la seta más conocida y utilizada en la cocina de todo el mundo; por lo tanto, está claro que es un comestible apreciado, a pesar de que no llega al nivel otras setas silvestres como el higróforo, la oronja o la seta de San Jorge.

Índice

INTRODUCCIÓN

¿Qué es una seta?............ 4

Conocer las setas............ 7

El papel del buscador de setas....16

Las setas en la cocina:
la conservación de las setas.........18

LAS SETAS

Amanita blanca...............87

Atigrado...............104

Barba de cabra...............73

Bejín aerolado...............40

Bejín gigante...............41

Boleto............ 126

Boleto anillado............ 124

Boleto baboso...............122

Boleto escamoso 119

Carbón del maíz...............48

Ciato estriado...............47

Clatro rojo...............46

Clavaria truncada...............75

Clitocibe en forma de copa.........113

Colibia de pie fusiforme...............112

Colmenilla...............32

Coprino entintado 129

Cortinarios...............132

Cresta de gallo...............27

Criadillas y esclerodermas...........36

Champiñón...............140

Champiñón silvestre...............139

Estrellas de tierra...............42

Falo hediondo...............44

Falo perruno...............45

Falsa oronja...............84

Falso rebozuelo...............76

Hidno herrumbroso...............49

Hígado de buey...............61

Higróforo...............134

Higróforo blanco...............136

Higróforo cónico...............131

Higróforo escarlata...............109

Higróforo marfileño...............137

Higróforo oliváceo...............135

Hongo bonete...............31

Hongo calabaza...............120

Hongo de roble...............125

Hongo del enebro...............28

Hongo yesquero...............57

Lactario anaranjado...............92

Lactario arrugado...............93

Lactario aterciopelado...............100

Lactario de leche dorada...............98

Lactario zonado...............99

Lengua de gato...............50

Lengua de vaca...............51

Liófilo agregado...............64

Mano de mortero...............74

Negrilla...............105

Níscalo...............94

Oreja de asno...............26

Oreja de gato...............30

Oreja de Judas...............29

Oronja...............82

Oronja limón...............86

Oronja verde...............80

Oronja vinosa...............88

Pantera...............85

Parasol...............90

Pata de perdiz...............130

Peciza anaranjada...............24

Peciza escarlata 25
Peciza estrellada................................23
Peciza parda 22
Pedos de lobo...................................38
Pie azul.. 117
Pie de cabra 53
Pie de rata..70
Piel de corzo.....................................52
Pimpinela 89
Pipa 60
Platera 116
Políporo del castaño 66
Políporo gigante................................65
Rebozuelo...77
Rebozuelo anaranjado.......................78
Robellón...96
Rúsula 102
Rúsula blanca................................. 101
Senderuela..................................... 114

Seta barbuda 128
Seta coliflor......................................72
Seta de chopo..................................67
Seta de la miel............................... 110
Seta de los caballeros.................... 106
Seta de olivo.....................................69
Seta de ostra....................................62
Seta de pino................................... 107
Seta de San Jorge.......................... 138
Seta engañosa................................ 108
Seta fasciculada.............................. 118
Silla de montar 58
Tricoloma rutilante............................68
Trompeta de los muertos..............79
Trufa 34
Yesquero multicolor..........................54
Yesquero del pino 59
Yesquero erizado..............................56